社交众筹、社交P2P、社交基金、社交保险、社交银行……都是社交金融产品
共享经济、社交金融、区块链技术，金融、互联网、社交……时时刻刻在创新

社交金融

共享经济时代金融新格局

邵鹏 著

企业管理出版社
ENTERPRISE MANAGEMENT PUBLISHING HOUSE

图书在版编目（CIP）数据

社交金融：共享经济时代金融新格局/邵鹏著．--北京：企业管理出版社，2016.12
ISBN 978-7-5164-1365-4

Ⅰ．①社… Ⅱ．①邵… Ⅲ．①金融业—研究—中国 Ⅳ．① F832

中国版本图书馆 CIP 数据核字 (2016) 第 235372 号

书　　名：	社交金融：共享经济时代金融新格局
作　　者：	邵鹏
责任编辑：	宋可力
书　　号：	ISBN 978-7-5164-1365-4
出版发行：	企业管理出版社
地　　址：	北京市海淀区紫竹院南路17号　邮编：100048
网　　址：	http://www.emph.cn
电　　话：	编辑部（010）68416775　总编室（010）68701719
	发行部（010）68701816
电子信箱：	qygl002@sina.com
印　　刷：	中煤（北京）印务有限公司
经　　销：	新华书店
规　　格：	710mm×1000mm　1/16　15印张　230千字
版　　次：	2016年12月第1版　2016年12月第1次印刷
定　　价：	69.80元

版权所有　翻印必究·印装有误　负责调换

媒体评论

通过对借贷双方提供更好的交易体验并将双方联系起来的网站正在挑战零售银行。

——《The Economist》杂志

随着微信、微博等社交平台的广泛流行，互联网金融创新开始融入社交、众包、自金融元素，互联网理财、P2P网络借贷、众筹融资等新兴产品不断涌现。

——《中国金融》杂志

社交金融与传统金融服务的最大区别是应用场景的生活化和社交化，将金融产品和服务融入人们日常生活，并且建立和提升人与人之间的社交联系。

——《金融电子化》杂志

对于保险公司而言，社交媒体可为其提供众多机会——与客户建立持续的互动关系，倾听、了解个人与社区的需求，并据此进行高度个性化的交流互动。

——中保网

社交金融在社交信任的基础上建立用户之间的金融关系，充分发挥社交网络高效、便捷、即时等优势，并利用社交网络对风险进行控制，实现普惠金融。

——《西南金融》杂志

推荐序一

社交金融：新时代的新金融

20世纪中叶，哈佛大学心理学教授斯坦利·米尔格兰姆设计了一个"传递信件"的实验。实验发现大部分信件平均经手6次便寄到了设定对象的手中，从而提出了社交网络的"六度分隔"理论。从工业社会，信息社会到互联网社会，人们的社交网络也从线下迁移到了线上。中国是世界上社交网络用户数最多的国家之一，社交网络平台不仅为用户提供了通讯和娱乐功能，在很大程度上也影响着用户的行为。最重要的是，社交网络为商业模式创新提供了新的场景，社交金融便是嵌入在社交网络场景中的金融服务。

2014年以来，国内越来越多的互联网巨头和传统金融机构加入社交金融的队伍，以社交金融为代表的移动互联网金融服务理念日益兴起。在支付领域，支付宝、微信支付提供涵盖社交、娱乐、健康养老等生活场景的支付服务；在理财领域，宝宝类产品更是深挖消费者需求与兴趣，使理财变得越来越简单；在融资领域，出现了嵌入社交网络的P2P、众筹模式，为广大创业者和梦想家带来了投资；在风控领域，基于社交数据的风控手段实现了从社交圈、行为特征、交易、基本社会特征等维度对客户进行综合评级……此外，在保险、证券等领域，也出现了很多社交金融模式的创新。

《社交金融：共享经济时代金融新格局》旁征博引，从进化的视角对社交金融进行了解读，并以共享经济时代为背景研究了当前金融各子行业的社交金融模式创新，进而探讨了如何制定推动社交金融发展的政策、如何设计有利于社交金融前进的监管体系、如何运用新技术促进社交金融的进化等问题。

首先，《社交金融：共享经济时代金融新格局》描述了从以物易物的交易到货币作为中介的交易历史进程中，社交在金融的演进：金融是货币与信用的融合，它是商品交换与市场经济发展到一定阶段的产物，而信用则与社交密不可分。战国时代的冯谖为巩固孟尝君的政治地位而进行的"焚券市义"与2006年诺贝尔和平奖得主尤努斯为穷人摆脱贫困而创办的"格莱珉银行"都有着同样的内在逻辑，即充分发挥了社交所产生的信用作用。冯谖通过"焚券市义"为孟尝君获取了薛地人民的信用，尤努斯则通过"格莱珉银行"的团结小组所产生的社交信用大大降低了银行的不良率。以上是熟人之间的信用，而在社交网络时代，熟人和陌生人的信用则转化成了可视的数据，这些数据进一步提高了社交金融的广度和深度。2016年6月27日发布的《中华人民共和国民法总则(草案)》表明，数据信息将正式被承认为民事权利客体。这也从侧面反映了社交网络时代数据对于社交金融的重要性。

其次，本书通过"基础+步骤+模式"三部曲，细致的分析了社交网络时代如何构建社交金融，具有较强的实践指导性。第一，社交金融的基础：金融+互联网+社交。社交网络极大的便利了社交关系的创建和维持，并使得这些关系高度可观察。个体通过强大的社交网络连接实现彼此交易，其经济决策也不可避免的嵌入在社交关系中。第二，社交金融的步骤：个体+关系+目的。第一步，确定社交金融的目标客户；第二步，通过网络为目标客户建立成熟可靠的关系；第三步，通过搭建的社交关系网络实现金融的目的。第三，社交金融的商业模式：社交网络+金融+X或金融+社交+X。在社交金融的商业模式中，X代表了生产生活的各个方面，比如媒体、婚恋、搜索，等等。在构建生产生活的不同社交金融之时，社交的属性和数据的分析则永恒不变。

在分析了如何构建社交金融基础上，作者详细阐述了社交金融在众筹、P2P、基金、保险、银行等金融子业态中的运用，其中融合了大量的数据和鲜活的案例，展现了网络时代社交金融的整体面貌。最后，本书从社交金融的促进政策、社交金融的监管和社交金融与新技术的融合等角度提出了一系列看法。

随着社交网络、位置服务、物联网的发展，未来人与人、人与物、物与物之间将建立更加多维的连接，进而产生越来越多的数据，这种连接方式的改变和数据的积累将为金融服务创新带来巨大空间。可以预见的是，未来的金融服务一定是与场景深度融合的，具有社交性、移动性、普惠性、共享性等特点，金融产品的提供也不再是独立的，而是能够与生活各方面需求所匹配的。《社交金融：共享经济时代金融新格局》所形成的思考对当下和未来相关工作的开展具有借鉴意义，值得相关研究者和行业从业人士一读。

唐时达（应用经济学博士、博士后）
平安银行电子信息产业金融事业部研究规划部总经理

推荐序二

以客户为中心创新金融服务

2013年9月和10月,国家主席习近平分别在哈萨克斯坦和印度尼西亚提出了建设"丝绸之路经济带"及"21世纪海上丝绸之路"这"一带一路"的构想。2015年3月5日,国务院总理李克强在《政府工作报告》中首次提出了"互联网+"行动计划。这两大国家战略在金融领域形成了交集,即依托互联网技术创新金融服务,助力一带一路的建设。

随着我国经济发展进入新常态,利用互联网优势,推进商业银行的发展改革,成为了银行发展的趋势和契机。随着互联网时代的到来,新的金融工具为各个市场主体的发展提供了更加平等的竞争环境。这也要求商业银行在业务发展过程中,要紧密契合国家宏观发展战略及地区发展规划,充分利用现代科技的力量,主动拥抱大数据、互联网、社交网络。

陕西西安是古代丝绸之路的起点,也是一带一路战略的重要节点城市。西安银行作为一家地方法人机构,坚持科技引领,创新驱动,积极运用互联网思维,以科技创新推动业务变革,着力打造"智慧型"银行。初步形成互联网金融发展战略生态圈,打造开放平台,构建统一门户。以移动终端为核心开发并运营"爱生活"手机银行、"新丝路BANK"直销银行、"微信银行"、"慧管家"社区开放平台等一系列新渠道;基于移动平台推出能够满足个人及企业客户支付、理财、融资等需求的各类金融产品,打破物理区域限制,不断扩大服务范围;为服务网点部署新型智能设备,实现线上线下多种服务渠道高效联动、协同发展;结合大数据技术提升客户体验,以人脸识别等新技术强化交易安全。西安银行在互联网金融创新领域迈出了可喜的步伐,"慧管家"社区金融产品荣获《银行家》杂志2014年度"十佳互联网金融创新奖",

社交金融：共享经济时代金融新格局

"供需宝"供应链管理云平台荣获《银行家》杂志"2016中国金融创新奖——十佳互联网金融创新奖"。

2016年的《政府工作报告》中指出要大力推动"共享经济"的发展。共享经济的基础在于建立起人与人之间的社交网络，因此，如何实现"社交网络+"已经成为包括城市商业银行在内的其他金融服务业不得不思考的问题。《社交金融：共享经济时代金融新格局》一书的面世恰逢其时，系统性的论述了共享经济时代的社交金融服务模式，为金融服务业实现"社交网络+"提供了理论基础和经验参考。虽然技术环境和商业趋势不断变化且难以预知，但商业银行"以客户为中心"的服务和转型理念不会改变。尤其是在数字金融、科技金融、区块链等环境下，商业银行将迎来去中心化的挑战。为此，只有以技术创新为转型驱动力，商业银行才能更好把握发展机遇，才能更好发挥金融引导资源配置和优化投资效果的作用。

姚瑛

西安银行公司业务部总经理

推荐序三

基于链接关系，提供股权交易服务

在资本市场上，投资者与融资者具有不同的规模与主体特征，对资本市场的金融服务也有着不同需求。投资者与融资者对金融服务的多样化需求决定了资本市场应该是一个多层次的市场体系。

我国资本市场从20世纪80年代发展至今，已经形成了由场内市场的主板（含中小板）、创业板和场外市场的新三板、区域性股权交易市场共同组成的多层次资本市场体系。其中，区域性股权交易市场与互联网金融一样，都是近年来国内快速发展的新生事物。

2014年11月，李克强总理在主持召开国务院常务会议时指出，要"建立资本市场小额再融资快速机制，开展股权众筹融资试点"。2015年3月，李克强总理在《政府工作报告》中指出，"要制定'互联网+'行动计划，推动移动互联网、云计算、大数据、物联网等与现代制造业结合，促进电子商务、工业互联网和互联网金融健康发展"。

随着大数据、云计算、社交网络和发展，基于互联网和移动互联网的金融服务应运而生。传统金融通过"互联网+"，有效缓解了金融市场的信息不对称，提高了交易效率和频次，降低了交易成本。"互联网+"为金融服务模式创新带来了广阔空间，为传统金融机构转型和传统金融服务模式变革带来了新的方向。在资本市场业务模式创新中，最有效的结合就是区域性股权交易市场通过互联网开展股权交易业务。

区域性股权交易市场与互联网结合可以降低市场的参与门槛，使市场参与者更加大众化，资金量和专业性不再成为普通人参与金融活动的障碍。合格投资人可以借助区域性交易市场的互联网平台，投资和推广自己喜欢的创

社交金融：共享经济时代金融新格局

意和产品。通过互联网平台高效、精确地对接资源和需求，扩大潜在投资者群体并提升挂牌企业的融资关注度，提升融资成功的可能性和便捷性。通过网络平台，投资人的投资收益得以提升，企业的融资成本得以降低，交易双方的参与积极性就被调动了起来，资源的配置效率也大为提高。

行为组织理论学者提出社会关系对投资决策有重要影响。在信息不对称的环境下，社会纽带联系将信任投射到经济交换中，以此形成了互惠的交换合作逻辑，推动了私有信息以及资源的转移，并促成投融资双方开展双赢而非零和的合作。在区域股权交易市场中，投资人、筹资企业和第三方中介机构形成了彼此链接共生的生态网络，共同参与筹资企业的发展，共同分享企业价值增长的红利。未来，金融业将基于人们之间的各种链接关系，开发和提供多种类型创新产品，满足社会大众、创新创业、企业发展等各类主体的金融需求。《社交金融：共享经济时代金融新格局》一书正是立足已经到来的共享经济时代，从社交网络视角研究金融领域的产品创新与模式创新，这对于当下和未来的金融业发展都具有启示意义。

王张铭
陕西股权交易中心总经理助理

前 言

社交金融，真的来了

2015年9日至11日，在大连举行的夏季达沃斯论坛上，国务院总理李克强专门提到了"分享经济"的理念。2016年3月5日，第十二届全国人民代表大会第四次会议，国务院总理李克强在《政府工作报告》中又一次提到了"分享经济"的理念。

在金融领域，基于社交的金融服务是分享经济的重要组成。社交金融是基于人与人之间的社交关系进行的共享金融服务，具有人际交往、信息流动、资金融通的功能。例如，P2P借贷、产品众筹、股权众筹都是社交金融，代表性企业有Lending Club、Kickstarter、陆金所等。其实，在共享经济时代到来之前，人们的生活习惯就已经因为社交金融的冲击而悄然改变。2014年春节的"春节红包"——这一基于移动互联网的"游戏"，成为上亿中国人过年的重要内容。随后几年里，在这场全民游戏中，最引人注目的当属腾讯旗下的微信，以及阿里巴巴旗下的支付宝了。

微信采取了"社交网络+支付"的模式。借助春节期间大量城市用户的返乡，微信支付通过红包覆盖到更多三四线城市的用户。借助微信这个强大的社交平台以及红包这个"核武器"，微信支付在很短的时间完成了支付宝历经十年才完成的用户积累。

支付宝采取了"支付+社交网络"的模式。诞生于电子商务C2C时代且在支付领域深耕10年的支付宝，在社交网络时代当然不甘落后，于是在2016年春节发起了反击，通过集齐"五福"来激发用户互动，这个策略自然巧妙。首先加好友，然后好友之间可以分享"五福"。由此可见，支付宝之意不在发红包，而在打通用户之间的关系，构建起支付宝的社交网络。

支付宝、微信仅仅只是发红包吗？这真的是一场全民福利吗？这其实是支付宝、微信各自在社交金融领域的一场布局。社交金融是基于社交网络构建的互联网金融服务，是互联网金融的3.0模式。

就在腾讯与阿里巴巴两大互联网企业激战犹酣的时候，传统金融机构也纷纷开始"社交网络+"。这种变革还使得传统银行更加重视基于网络提供金融服务，纷纷开始跨界合作。传统金融机构中，第一个打出"社交金融"大旗的是平安集团。早在2013年，平安的互联网金融战略已经基本确定：立足于社交金融，将金融融入"医、食、住、行、玩"的生活场景，实现"管理财富、管理健康、管理生活"的功能，推动客户迁徙。

如果说互联网公司以及传统机融机构开辟社交金融战场是含着金汤匙出生，那么，P2P、众筹则是这个社交网络时代孕育出来的新物种，具有天生的社交属性。在这个领域诞生了诸如众筹网、人人投、拍拍贷等企业。这也引发了互联网公司和传统金融机构在该领域的布局，包括成立、投资、并购等方式。然而，一方面，社交金融发展迅速，但相关企业缺乏自律，在互联网和金融方面不具有专业性；另一方面，行业监管不足，相关法律法规滞后，行业教育不足。这种矛盾引发了社交金融领域供、需、监管三方的信息不对称，出现了e租宝、中晋资产这样的不良平台。2016年4月，国务院组织14个部委召开电视会议，将在全国范围内启动有关互联网金融领域为期一年的专项整治。无论是互联网巨头、传统金融机构的跑马圈地，还是政府部门的三令五申严厉监管，一个毋庸置疑的事实是：社交金融的时代已经到来。

为何社交金融成为了互联网金融巨头布局的重要领域？"社交网络+金融"究竟为行业带来了怎样的模式创新？金融业又该如何实现"社交网络+"呢？现今，无论是产业界，亦或是学术界，都未曾对社交金融有过系统的界定和解读。基于此，本书系统性的论述了"社交金融"，通过大量演绎和案例提炼出构建社交金融的方法步骤，又通过具体的模式来解释和应用这些方法。

本书前三章论述了社交金融的相关理论，回顾了互联网金融的发展阶段，提出社交金融是互联网金融的3.0模式。为了更好的阐释社交金融这一理念，从古代的以物易物、近代的票号到现代金融产品，试图从进化的视角探讨金融的社交属性。从第四章到第八章，着重从社交众筹、社交化的P2P、社交基金、社交保险、社交银行五个方面对社交金融的各个门类进行研究，探讨了目前国内外最具代表性的社交金融商业模式。第九章重点阐述社交金融的未来发展和局限。

本书面向读者包括：金融行业与社交网络的从业者，希望利用社交网络促进金融产品推广的营销、策划人员，互联网金融创业者与金融产品经理，基金、银行、保险等希望融入社交网络基因的传统金融机构战略制定者，互联网金融、社交网络研究方向的学者等。

目　录

媒体评论

推荐序一　社交金融：新时代的新金融

推荐序二　以客户为中心创新金融服务

推荐序三　基于链接关系，提供股权交易服务

前　　言　社交金融，真的来了

第一章　社交＋金融——互联网金融的新玩法

　　互联网时代的金融业正朝着社交化、移动化、专业化和场景化方向发展。以用户为核心的基于社交网络的互联网金融3.0也极大提升个人用户在金融交易中的话语权。共享经济的基础就在于已经建立起来的人与人之间的社交网络，社交金融成为共享经济时代金融业商业模式创新的重要方向。

　　第一节　未来互联网金融的趋势：从网点到平台 …………………003
　　　　一、网点模式的困局：成本上升和满意度下降 ……………003

二、社交网络普及，用户行为改变 …………………………… 006

三、共享经济时代的金融创新 ………………………………… 008

第二节　互联网金融发展的 3 个阶段 ………………………………… 010

一、互联网金融的本质：互联网 or 金融 …………………… 010

二、从 1.0 到 3.0，互联网金融都做了什么 ………………… 011

第三节　社交金融时代的正式到来 …………………………………… 016

一、社交投资平台兴起，普通用户转身基金经理 …………… 016

二、资金融通与信用评价，基于关系链的金融服务 ………… 019

三、从 SoFi 到 WeChat，社交金融时代的到来 ……………… 021

第二章　社交金融——大金融体系中的终极拼图

　　社交金融体系下，很多产品都是基于对人与人、人与企业、企业与企业等经济社会主体关系的深入理解。在互联网时代，金融的互联网化是必然的趋势；在社交网络时代，互联网金融的社交化是必然的趋势。越来越多的互联网巨头和传统金融机构加入社交金融的队伍，纷纷建立了自己的社交金融网络。

第一节　金融源自商品交易，金融依赖社交关系 ……………………… 027

一、原始社会的以物易物 ……………………………………… 027

二、金融基础的演进：从金属到信任 ………………………… 030

三、商帮、票号与金融中介的形成 …………………………… 031

目录

第二节　金融体系中的社交基因 ·· 035
　一、从富人的"游戏"到穷人的银行 ·· 035
　二、交易所的平台机制 ·· 038
　三、现代金融中的社交基因 ·· 040

第三节　社交网络时代的社交金融 ·· 043
　一、在线社交网络的出现 ·· 043
　二、互联网金融的六大体系 ·· 045
　三、社交金融的江湖，类型与地位 ··· 048

第三章　如何构建社交金融——基础＋步骤＋模式

社交金融必须有金融的逻辑、互联网的体验和社交的基因。银行、金融机构作为社交网络中的个体，通常都有社交需求，也有金融需求，从而逐步形成了社交＋金融的业务模式，模式纷繁复杂，如何构建社交金融体系成为很多金融性企业必须考虑的问题。

第一节　社交金融的三大基础：金融＋互联网＋社交 ················· 055
　一、金融的逻辑：收益与风险并存 ··· 055
　二、互联网的体验：以用户为中心 ··· 056
　三、社交的基因：管道、棱镜与关系羊群 ·································· 059

第二节　构建社交金融的三个步骤：个体＋关系＋目的 ············· 063
　一、确定网络的个体，用户是谁 ··· 063
　二、构建个体之间的网络，关系如何建立 ·································· 066
　三、实现金融目的，四种定位的交叉组合 ·································· 068

第三节　社交金融的商业模式：金融＋社交（X） ……………… 070

　　一、社交＋金融：微信的金融模式 …………………………… 070

　　二、金融＋社交：支付宝的社交模式 ………………………… 071

　　三、X＋金融：跨界的混合模式 ………………………………… 072

第四章　社交化的众筹——基于关系网络的资金融通

　　众筹是一种依靠大众力量的低门槛融资模式，如债权众筹、股权众筹、回报众筹和捐赠众筹等。但随着社交网络平台的发展，很多众筹也逐渐呈现出社交化的确实，利用好社交关系网络对众筹成败至关重要。

第一节　社交驱动的众筹 ………………………………………… 079

　　一、众筹的源起：美国还是中国 ……………………………… 079

　　二、众筹的类别：购买与投资 ………………………………… 081

　　三、众筹的商业模式：辛迪加模式 …………………………… 083

　　四、众筹的社交基因：基于微信的轻松筹 …………………… 086

第二节　项目众筹 ………………………………………………… 088

　　一、梦想众筹：追梦网和梦想帮 ……………………………… 088

　　二、出版众筹：《我的诗篇》和《狼图腾》 …………………… 090

　　三、房地产众筹：Fundrise 和万达 …………………………… 092

　　四、众筹转型电商：点名时间 ………………………………… 095

目录

第三节　股权众筹 ·· 097
　一、实体店的股权众筹：人人投 ···························· 097
　二、类风投的股权众筹：京东金融 ························ 099
　三、四板市场的股权中心：陕西股权交易中心 ········ 100

第五章　社交化的P2P——资源互通与财富增值

　　社交化的P2P是基于熟人关系之间而出现的匿名借贷服务。如基于校友关系提供信用建设和资金互助的P2P服务，专注于特定人群并提供个性化、社交化的P2P理财服务。此外，P2P产品和P2P平台纷纷拥抱以社交网络为核心的在线媒体，进行社会化营销。

第一节　P2P从平台转型社交 ································ 107
　一、什么是P2P？业务与模式 ······························ 107
　二、社交化的P2P：Prosper和Lending Club ········ 109

第二节　P2P如何利用好社交网络：强连接和弱连接 ··· 112
　一、弱关系、强参与度的熟人借贷：朋友范 ········· 112
　二、平安做开放平台，陆金所成社会化营销先锋 ··· 114

第三节　面向特定群体的P2P服务 ························ 118
　一、大学生借贷：速溶360、校友金服 ················· 118
　二、女性理财：她理财 ······································· 119

第六章 社交基金——投你所好，晒你所投

社交平台在传播信息、服务客户中起着至关重要的作用，基金公司也纷纷利用社交网络强化品牌形象、拓展销售渠道。社交平台的发展为基金营销的转型提供了必要的条件，微博、微信、视频等社交平台成为基金进入更大市场的重要入口。

第一节 基金对接社交平台 ………………………………… 123
 一、社交数据挖掘优化投资决策 ………………………… 123
 二、基金与社交联姻 ……………………………………… 124

第二节 基金的"社交网络+" ……………………………… 126
 一、南方基金玩转视频社交 ……………………………… 126
 二、大成基金深耕投资者心理 …………………………… 127
 三、嘉实基金搭建社交投资平台 ………………………… 128

第三节 社交基金的范例：天弘基金 ……………………… 129
 一、定位为新生代服务 …………………………………… 129
 二、大数据提供技术支撑 ………………………………… 131

目录

第七章 社交保险——从线下关系到线上网络

对于保险公司而言，社交媒体可为其建立与客户持续的互动关系，倾听、了解个人与社区的需求，并据此进行高度个性化的交流互动。依托社交平台的大数据，保险公司可以更加精准地捕捉用户的保险需求，开发出针对性更强的个性化产品。

第一节 保险业的网络关系营销 ········ 135
一、在线社交网络时代的保险业 ········ 135
二、保险业利用社交网络的三步曲 ········ 138

第二节 挖掘保险产品的社交基因 ········ 140
一、朋友互赠：太平洋保险的救生圈 ········ 140
二、微互助：泰康人寿的求关爱 ········ 141
三、好人险：小白保险 ········ 142
四、跑步＋社交＋保险：星运动和步步保 ········ 143

第三节 从平安到众安，保险的社交化创新 ········ 144
一、平安集团的金融板块布局 ········ 144
二、从330个生活场景到众安保险 ········ 147
三、三步走，平安天下通深耕社交网络 ········ 148

第四节 腾讯，从连接一切到医疗保险 ········ 150
一、"互联网＋医疗"的"贵州模式" ········ 150
二、"腾爱医疗"的医保模式 ········ 152
三、共享医生资源，提供高效服务的"腾爱医生" ········ 154

第八章 社交银行——从平台逻辑到万物互联

随着社交平台的发展，商业银行也开始积极利用社交媒体进行品牌建设，依托社交网络的微众银行、背倚电商小微企业的网商银行以及依托平安集团金融全牌照的平安银行则是社交银行领域的杰出代表。

第一节 社交网络时代的银行业 ················· **159**
  一、从做平台到拥抱互联网 ····················· **159**
  二、社交网络时代的社交银行 ··················· **162**

第二节 银行的"社交网络+"创新 ················· **163**
  一、四大国有商业银行的"社交网络+" ············· **163**
  二、大型股份制银行的"社交网络+" ··············· **167**
  三、中小商业银行的"社交网络+" ················· **168**

第三节 社交银行的三足鼎立 ····················· **171**
  一、微众银行，社交网络发力个体金融 ············· **172**
  二、网商银行：电商基因服务小微商家 ············· **174**
  三、平安银行：综合金融，布局万物互联 ··········· **175**

目录

第九章 社交金融的困惑与机遇

随着社交网络、位置服务、物联网的发展以及大数据、人工智能、虚拟现实等技术的不断应用，人与人、人与物、物与物之间将建立多维的连接。这种连接方式的改变为金融业务带来红利的同时，也带来了的挑战。风险频发和模式失败的案例也引人侧目。

第一节　政策与扶持 …………………………………… 181
　一、国家战略："互联网 +"与互联网金融 ………………… 181
　二、牌照准入：四个部门与七张牌照 …………………… 183
　三、地方扶持：补贴与奖励并重 ………………………… 186

第二节　风险与监管 …………………………………… 189
　一、乱象与危机 …………………………………………… 189
　二、风险辨别与评价 ……………………………………… 191
　三、监管与托管 …………………………………………… 193
　四、信用基础设施建设 …………………………………… 194

第三节　社交金融的机遇 ……………………………… 197
　一、互联网公司的跨界掘金 ……………………………… 197
　二、传统金融的倒逼变革 ………………………………… 199
　三、社交金融与共享金融 ………………………………… 201

第四节　区块链技术与金融业的去中心化革命 …… 204
　一、从社群币到区块链的全球化 …… 204
　二、区块链是什么？数据库 or 分布式账本 …… 206
　三、社交金融、共享经济与区块链技术 …… 208

后记　金融？社交？期待读者思考

主要参考文献

第一章
社交+金融——互联网金融的新玩法

互联网时代的金融业正朝着社交化、移动化、专业化和场景化方向发展。以用户为核心的基于社交网络的互联网金融3.0也极大提升个人用户在金融交易中的话语权。共享经济的基础就在于已经建立起来的人与人之间的社交网络，社交金融成为共享经济时代金融业商业模式创新的重要方向。

本章导读

未来互联网金融的趋势：从网点到平台
互联网金融发展的3个阶段
社交金融时代的正式到来

第一节　未来互联网金融的趋势：从网点到平台

一、网点模式的困局：成本上升和满意度下降

对于早期的传统银行而言，营业部是其为客户服务的基础，营业部数量的多少将直接影响银行服务客户的质量。人们存款、贷款都要到网点办理，甚至取现金也要排几十个号才能办成。然而，随着信息技术和电子商务的发展，原来的柜台交易逐渐被离柜交易所替代。中国银行业协会相关数据显示，2014年中国银行业金融机构离柜交易达1167.95亿笔，比2013年增加204.56亿笔，交易金额达1339.73万亿元，如表1-1所示。丰富、方便、快捷，尤其是基于互联网的在线金融服务受到广大客户欢迎。这里的离柜交易包括网上银行、手机银行、电商平台等，这些服务形式也都呈现了快速增长趋势。

表 1-1　截至 2014 年末离柜交易数据

	个人客户总量	个人客户新增（同比增加）	交易笔数（同比增加）	交易总额（同比增加）
网上银行	9.09 亿	1.5 亿（19.71%）	608.46 亿笔（21.59%）	1248.93 万亿元（17.05%）
手机银行	6.68 亿	1.56 亿（30.49%）	106.89 亿笔（114.63%）	31.74 万亿元（149.12%）
电商平台	7928.56 万	/	22.83 亿笔	1.72 万亿元
电视银行	724.13 万	341.74 万（89.37%）	95.01 万笔（172.55%）	/

离柜交易快速增长的同时，柜台业务权重却开始降低。2014 年，工商银行、中国银行、建设银行、交通银行在柜员配备中，均比 2013 年有明显减少。银行柜员数量的减少，缘于银行营业网点增速的减慢甚至是部分营业网点的关张。这其中，工商银行在国有四大行中率先开始缩减物理网点，2014 年营业网点和实现功能分区营业网点分别减少了 128 和 49 个，在柜员配备人数上更是减少了 12024 人，占比为当年柜员人数的 10%。

为何离柜交易越来越受到用户的青睐？其实，在互联网时代，商业模式创新层次不穷，金融行业更是深谙"互联网+"的原理。传统金融机构纷纷进行"互联网+"，互联网企业也纷纷试水金融领域。在金融服务商业模式创新的背景下，甚至出现了没有物理网点的银行。2014 年 3 月 1 日的《经济学人》杂志就发表了题为"没有银行的银行业"（Banking without Banks）的专题报告。

2014 年 12 月 12 日，银监会批准深圳前海微众银行开业，这是首批试点的 5 家民营银行中首家获准开业的银行。2015 年 1 月 4 日，国务院总理李克强在深圳前海微众银行敲下电脑回车键，将这家银行的第一笔贷款发放给了卡车司机徐军。由于总理的新年考察而备受瞩目的深圳前海微众银行，于 2015 年 1 月 18 日开始试营业。与传统银行形成鲜明对比，微众银行表示不会设立物理网点和柜台，所有服务都在线上完成。

商业模式的变革通常来自两种力量，一种是技术进步带来的主动创新，一种是成本上升推动的被动创新。美国某咨询公司曾有一份调查显示，银行通过柜台为每个客户提供服务的年均成本是 225 美元，但银行收取的服务费和利息只有 125 美元。而国内相关数据显示，柜台每进行一笔交易所需费用约为 1.07 元，电话银行为 0.45 元，ATM 机为 0.27 元，网上银行仅 0.01 元。当银行为客户只提供标准化服务，而不提供任何金融产品建议和推荐情况下，客户在营业网点办理业务和网上银行办理业务的营业成本比为 107∶1，即物理网点成本为网上银行成本的 107 倍。可见，无论是国外，还是国内，银行网点如果仅是为用户提供其所需求的基本服务，一定会陷入入不敷出的困境。如果银行更多的通过"网上"而非"网点"来服务用户，就会大大降低营业成本。此外，基于互联网环境还可以精确匹配用户需求，提高单位用户金融产品消费的总量，不仅可以增加金融机构收入，也能满足用户更多潜在需求。

互联网金融的迅速发展，也从侧面反映了银行柜台服务的不足。为了提供更好的服务，银行营业网点就要保证有足够的柜员和其他工作人员来服务于不均衡的客流。然而，在现实中，很多银行却存在着线下网点成本不断攀升，而客户满意度却不升反降的困境。第三方金融研究机构银率网发布的《2014 年度 360°银行评测报告》显示，尽管 2014 年银行业获得了快速发展，但服务方面的问题仍然突出，销售误导、不合理收费、处理投诉不力等问题依然存在。用户投诉主要集中在银行的服务态度方面，近 70% 的投诉者认为银行服务态度差。而在 2013 年的调查中，银行服务态度差这一比例为 46.37%。

二八定律指出：在任何特定群体中，重要的因子通常只占少数，而不重要的因子则占多数，因此，只要能控制具有重要性的少数因子即能控制全局。这个规则也适用于银行网点服务，即在网点服务中 80% 的时间创造了 20% 的收益，而 20% 的客户则为银行创造了 80% 的收益。相关服务从"网点"到"网上"的转变，不仅为客户提供了更便捷的服务，也为银行节省了大量资源。银行得以将有限的时间投入到高端客户的维系中，从而不断提升 20% 高端客户的满意度、忠诚度和贡献度。因此，互联网与信息技术的快速发展，以及"互联网＋金融"的不断创新，成为解决"金融机构线下服务能力有限、用户需求日益增加和多样化"这一矛盾的重要方式。

二、社交网络普及，用户行为改变

从工业时代到网络时代，互联网与移动应用得到了爆发性的普及。从应用的绝对人数和接触时长来说，这些网络服务超越了电视、报纸等传统媒介，消费者行为随着互联网的发展也发生了变化。

2014年，社会化媒体传播咨询公司"We are social"发布了对全球关键社交、数字和移动应用的统计数据，如图1-1所示。数据显示，全球互联网用户的总人数已达到25亿，占世界人口总数的约35%。从地域分布上来看，北美洲互联网普及率最高，达到81%；亚洲地区互联网普及率最高的是中国、日本、韩国所处的东亚地区，达到48%。在社交网络的使用上，东亚地区是人数最多的区域，全球37%的用户来自这一区域。从社交网络区域普及率看，北美洲达到56%，而东亚地区达到43%，如图1-2所示。此外，We are social还专门统计了中国互联网覆盖及社交媒体使用情况。截止2014年1月，中国互联网普及率为44%，社交网络普及率为46%，移动互联网用户数占全部人口的比例为43%，使用LBS（基于位置的服务，location based service）应用的人数占全部人口的比例为34%。

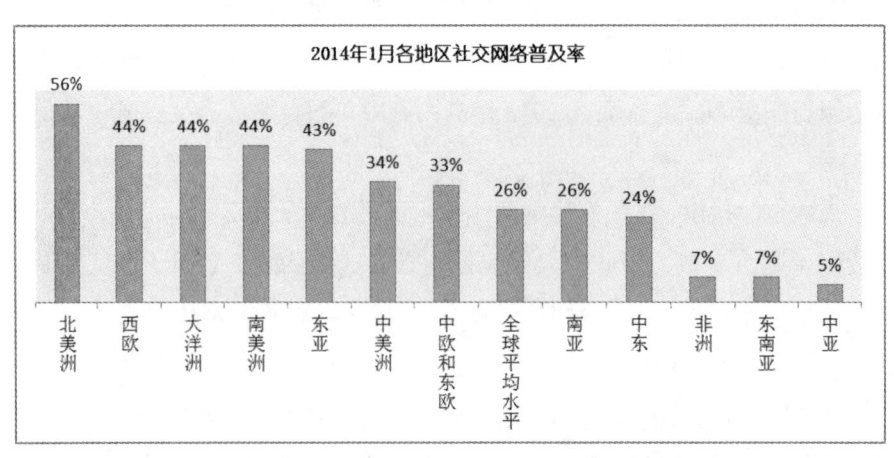

图1-1 2014年1月各地区社交网络普及率

（数据来源：We are social公司）

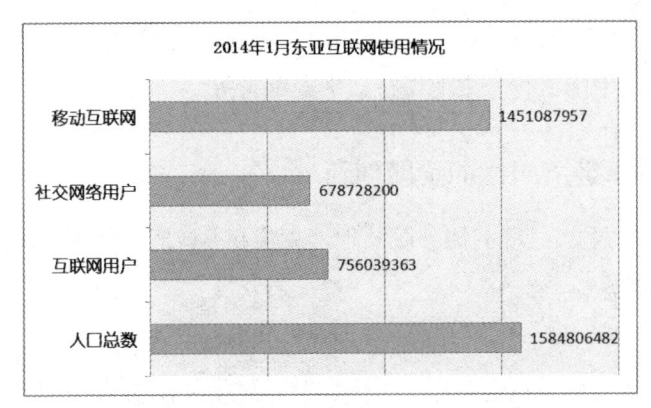

图1-2　2014年1月东亚互联网使用情况

（数据来源：We are social 公司）

社交网络已经从根本上改变了消费者购买产品、与产品互动的方式。如今，购买产品和服务的消费者越来越不是一个消费者，而是一群连接在一起的消费者。因此，有一个比别人更好的产品、更便宜的价格或更打动人的广告已经不够了。消费者的购物决策已经与传统的营销沟通渐行渐远，他们更多的是通过在线社交网络来获取产品和服务的信息。

随着人们的上网习惯从PC端向移动端加速转移，金融机构也顺应市场发展，加快了对移动端服务的布局。作为目前使用最广的社交工具，微信平台已聚集了数亿的用户资源，而银行也逐渐关注微信客户群体，"微信银行"应运而生。自微信开放了公众平台接口后，国内很多银行随即就推出微信服务号。

2013年7月2日，招商银行宣布升级微信平台，推出了全新概念的首家"微信银行"。

2013年7月28日，中国工商银行正式推出了"微信银行"服务。用户只需下载安装"微信"客户端，并关注公众号"中国工商银行电子银行"，即可随时随地办理工行业务。

2013年11月2日，中国建设银行正式对外推出"微信银行"，服务主要包含微金融、悦生活、信用卡三个部分。

……

截至 2013 年底，短短的半年时间里，就有超过 20 家银行开通了微信公众账号，包括中国银行、中信银行、平安银行等。

三、共享经济时代的金融创新

2016 年"两会"期间，国务院总理李克强在《政府工作报告》提到了"分享经济"的理念。

在 2016 年"两会"召开的前一个月，2016 年 2 月 28 日，中国互联网协会分享经济工作委员会发布了《中国分享经济发展报告 2016》。报告给出了分享经济的定义：分享经济是指利用互联网等现代信息技术整合、分享海量的分散化闲置资源，满足多样化需求的经济活动总和。

《中国分享经济发展报告 2016》还指出：2015 年中国分享经济市场规模约为一万九千五百多亿元。分享经济领域参与提供服务者约五千万人左右，约占劳动人口总数的 5.5%。参与分享经济活动总人数已经超过五亿人。预计未来五年分享经济年均增长速度在 40% 左右，到 2020 年分享经济规模占GDP 比重将达到 10% 以上。未来十年，中国分享经济领域有望出现 5~10 家巨无霸平台型企业。

分享经济与共享经济因为在英文里均对应为 Sharing Economy，还常被混在一起使用。但与分享经济相比，共享经济所体现的内涵要更加广泛。"共享经济"这一概念并非横空出世，共享经济的商业模式也并非中国"创造"。共享经济早在 2000 年前后就开始出现，但实质性的增长则出现在 2008 年金融危机之后，如 Airbnb（提供度假房屋租赁服务）成立于 2008 年，Uber（提供即时打车服务）成立于 2009 年。

2014 年，杰里米·里夫金在《零边际成本社会》一书指出：共享经济带来了一场改变人类生活方式的资源革命，带来了经济生活的全新组织方式，将会超越传统的市场模式。共享经济的终极目标就是共享一切，通信共享、能源共享、教育共享、医疗共享、金融共享。

从满足用户需求的角度，共享经济可以划分为以下种类：出行（如滴滴出行、Uber 等）、住宿（如 Airbnb、小猪短租等）、吃饭（如回家吃饭、妈妈的味道等）、穿衣（如 Rent the Runway、那衣服等）、贷款（如 LendingClub、人人贷等)、学习(如 Coursera、MOOC 中国等)、就医(如春雨医生、名医主刀等)、旅行(如驴妈妈、去哪儿等)、生产(如 Applestore、淘工厂等)等。

总体而言,共享经济体现了以下特点:

第一,边际成本趋于零,共享经济价值。共享经济使得人们可以在边际成本趋于零的条件下通过协作进行生产、消费和分享商品和服务,带来经济生活组织方式的新变化。在共享经济模式下,越来越多的个体可以通过平台直接对接用户,不必再依附于传统专业机构。

第二,契约耦合,柔化共享经济服务模式。克莱·舍基在《人人时代》中指出,人与人之间形成一种临时的、短期的、当下的组合,而不是一种长期契约。共享经济应该渗透到生活中可能存在共享资源的方方面面。利用更少的资源消耗,满足更多人的日常生活需求。借助创新平台,以更低成本和更高效率实现资源的供需匹配。

第三,大众参与是共享经济的基础条件。越来越多的企业、机构参与到共享经济中来,通过众包、众创等方式组织整合社会资源,大大提升创新效率,大幅降低成本。企业可以通过共享经济模式让全球最合适的人参与产品的设计营销等活动中,政府部门也可以通过众包方式提供公共服务。

第四,互联网技术助推共享经济发展。互联网和移动互联网的加速普及,助推了共享经济的飞速发展。共享经济可视为一种互联网时代的租赁经济模式,即通过互联网第三方平台实现个体之间直接的闲置资源使用权的交易。没有互联网平台,共享经济难以发展,也没有条件快速发展。

第五,监管与制度是共享经济的保障。在共享经济时代,融合性新业态大量出现,突破了传统的细分式管理模式。共享经济发展对创新治理体系提出了新要求,也为构建新的治理体系提供了经验和支撑。如出行、住宿、网络金融、在线教育等领域的共享实践面临诸多制度空白,原有的法律法规和政策需要修改完善。

第二节　互联网金融发展的3个阶段

一、互联网金融的本质：互联网 or 金融

对于互联网金融这块"蛋糕"，各大互联网公司跃跃欲试，希望凭借业已建立起的互联网优势，在金融业领域分一杯羹。于是，很多原本与金融无关的企业纷纷出现在互联网金融企业的名录里。互联网金融不仅迎来了爆发式增长，而且其生态系统成员也复杂多样。对于互联网金融，既然金融机构可以做、互联网公司可以做、电子商务平台也可以做，那么，互联网金融究竟是什么呢？

百度百科解释到：互联网金融是传统金融行业与互联网精神相结合的新兴领域。从广义上讲，凡是具备互联网精神的金融业态统称为互联网金融；从狭义的金融角度来看，则定义为依托互联网来实现资金融通的方式方法。

当下，互联网金融江湖风起云涌、各巨头争抢布局，但关于互联网与金融的关系，业内仍未形成一致的观点。主要的观点是两种。第一种观点以为互联网并没有改变金融业的本质，只是将传统线下的金融服务通过互联网实现。第二种观点认为互联网金融的本质是互联网。这种观点认为，虽然互联网金融提供的核心业务是金融产品，但要充分发挥互联网的优势才能与传统金融机构竞争。通过技术手段和网络传播模式降低运营成本和推广成本，这才是互联网给传统金融行业带来的改变。

无论是"互联网并没有改变金融业的本质"，还是"互联网金融的本质是互联网"，这两种观点都具有局限性。"互联网并没有改变金融业的本质"是"金融互联网"的观点，是从金融机构视角出发，借助互联网技术更好地提供金融服务。"互联网金融的本质是互联网"的观点，是互联网公司跨界金融业的一厢情愿，是互联网企业向金融机构靠拢，借助互联网技术提供创

第一章 社交＋金融——互联网金融的新玩法

新的金融模式。

金融的本质是资金融通，资金来自不同的人或机构，因此，金融就是个体之间的资金流通。这些个体之间有可能是熟人朋友，也有可能是陌生人。在传统金融模式中，尤其是在银行服务中，借款人和存款人之间是没有连接的。银行希望获得存款人的信任，以存款利率吸引存款，至于这些钱用来干什么，储户不需要知道。银行还希望获得可以信任的借款人，以高利率放贷，而借款者则不需要知道这些钱来自哪里。银行正是依赖于这种平台模式，将借款人与存款人分隔开来，切断两者连接网络，从而获取存贷款剪刀差的利润，如图1-3所示。因此，传统银行服务是"反社交金融"模式的代表。

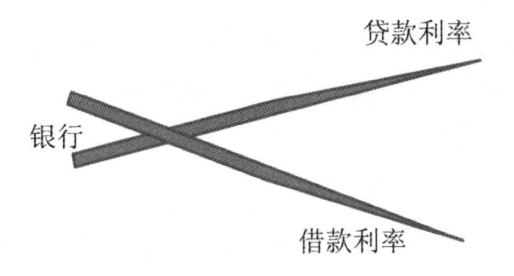

图1-3 银行提供存贷款服务的剪刀差

在互联网金融中，运营成本不会因为用户大规模增加而成同比例上升，服务同样数量的用户，成本会远低于传统金融机构。在具有社交功能的互联网金融中，平台和产品更像是一个纽带，用户在平台上可以主动与其他用户建立关联，产生信息流和资金流。互联网金融机构要做的是维护好这个平台，提供好服务，而不是像传统金融机构单向地服务每一个用户。不容置疑，互联网金融改变了传统金融的服务模式，但这种改变是循序渐进的。正如技术对于工业发展的推动作用——形成了历史上几次巨大的工业革命，技术与金融的结合也将带来金融业的巨大变革。

二、从1.0到3.0，互联网金融都做了什么

互联网金融是基于互联网提供服务，互联网发展经历了三个阶段，区别在于信息的流动方式不同。

互联网 1.0 是"网络——人"的单项信息传播，如 1995 年 4 月马云创建的中国黄页。面对 1.0 时代的互联网，用户只能阅读，却不能与其交流，也不能与其它用户分享。

互联网 2.0 是网友和网站、网友和网友、网站和网站之间双向信息互动。用户通过网络提供信息，其他用户通过网络获取信息，如维基百科、新浪博客。

互联网 3.0 是以个人为中心的在整个网络中信息的全方位互动，如 Facebook、微博、微信、钉钉。网络成为用户需求的理解者和提供者，网站知道用户需要什么及其行为习惯，从而进行资源筛选、智能匹配，为用户提供精确服务。

参照互联网的发展阶段，互联网金融同样可划分为三个阶段。互联网金融 1.0 阶段是金融机构信息化，互联网金融 2.0 阶段是金融互联网，互联网金融 3.0 阶段是社交金融。

第一阶段，互联网金融 1.0——金融机构信息化，如图 1-4 所示。这个阶段是金融机构通过网络向用户传递信息，这种传递是单向的。用户只能被动浏览和接收金融信息，无法与发送方进行交互，无法进行在线支付。无论是存款者，还是借款者，只能在金融机构的网站上或者第三方信息平台上获取信息，借贷双方无法交流沟通，借贷双方也不能通过网络与金融机构进行沟通。互联网金融 1.0 阶段仅实现了所有金融业务（诸如汇款、支付、清算、交易、记账）在信息系统层面的物理平移，只是空间的拓展。

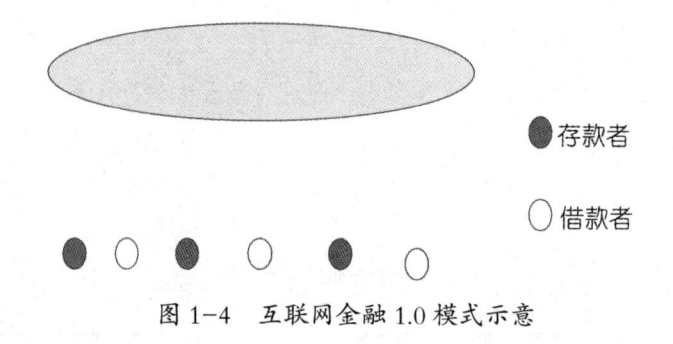

● 存款者
○ 借款者

图 1-4　互联网金融 1.0 模式示意

互联网金融 1.0 时代的互联网技术以门户网站为主，个人用户间不能相互联系沟通，缺乏平等、透明、协作与共享。互联网金融1.0并不存在任何借贷双方的交互性，包括银行在内的诸多金融机构仍然是金融业的绝对主导者，财富拥有者在金融机构面前处于相对弱势地位。

第二阶段，互联网金融2.0——金融互联网，如图1-5所示。进入21世纪，互联网金融进入2.0时代，各终端互联互通，信息通信技术基础设施演变成为整个经济和社会生活的基础设施。电子商务平台、民间金融服务机构、创新的互联网服务平台等新兴机构以后发优势探索金融创新，运用互联网技术为更广泛的用户提供金融服务。伴随电子商务的异军突起，网络支付开启了第三方支付的新方式。1998年，贝宝在美国成立，在银行金融网络系统与互联网之间建立起基于电脑的服务平台，为商家提供网上支付通道。随着亚马逊支付、谷歌钱包等第三方支付公司的出现，美国一度占据全球互联网支付的主要份额，直到2013年才被中国超越。在这个阶段，用户可以在金融机构的网络系统中进行在线操作，完成网络支付、转账、查询等功能，还可以对服务进行反馈。因此，作为用户的存款者或借款者，都可以基于金融机构的在线平台进行信息流和资金流的操作。然而，在这个阶段，借贷双方依然无法交流，借贷之间隔着金融机构这个黑箱平台。

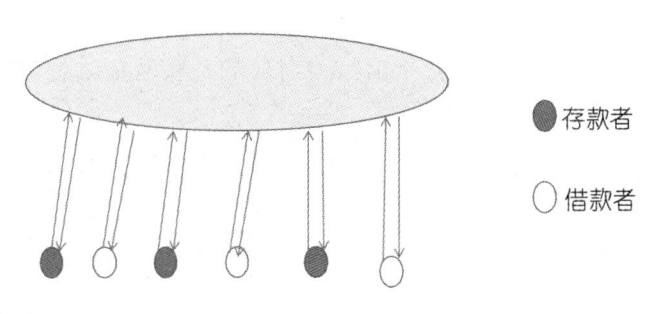

图1-5 互联网金融2.0模式示意

第三阶段，互联网金融3.0——社交金融，如图1-6所示。随着生物特征识别、人工智能等技术日趋成熟，以及物联网、车联网、智慧城市等一系列新概念的出现，各种智能感应器在终端取得的数据可通过无线宽带瞬时传输到云平台。互联网金融演化出新模式，互联网金融3.0时代已经来临。

在互联网金融3.0时代，曾经处于金融生态从属地位的用户，其地位发生了质的改变。在以前，资金流通平台较少，用户依赖金融机构实现借贷的目的。互联网金融3.0时代发生了交互式革命，用户之间通过网络建立了连接，借贷双方对第三方金融机构的依赖大大降低。因此，在线金融机构更多的是搭建平台、提供信息、审核资质，尽可能使优质的用户建立自发性的连接和自组织的互动。为了提供更好的服务，在线金融平台开始构建金融生态系统，积极鼓励第三方中介机构加入，如担保、咨询、券商等。

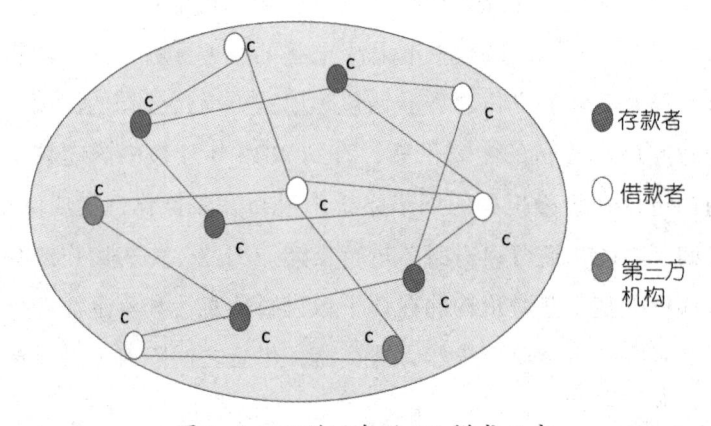

图 1-6　互联网金融3.0模式示意

平安集团董事长马明哲曾指出：3.0时代的互联网金融会朝着社交化、移动化、专业化和场景化方向发展。

互联网金融3.0时代产生的各类金融形式，如众筹、P2P理财、互联网银行等，都是基于财富拥有者之间的直接交互关系。正如互联网3.0时代使得个体用户的力量得以与媒体机构持平，甚至超越媒体，以用户为核心的基于社交网络的互联网金融3.0也极大提升个人用户在金融交易中的话语权。图1-7、图1-8是2014年我国互联网金融行业交易规模、用户规模数据的直观体现。

众筹是通过社交网络募集资金的互联网金融模式。众筹源于美国的大众筹资网站Kickstarter，该网站通过搭建网络平台面对公众筹资，让有创造力的人可能获得他们所需要的资金，以便实现他们的梦想。这种模式的兴起打

第一章 社交＋金融——互联网金融的新玩法

破了传统的融资模式，通过众筹模式可获得从事某项创作或活动的资金，使得融资的来源者不再局限于风险投资等机构。

2014年中国互联网金融各子行业交易规模

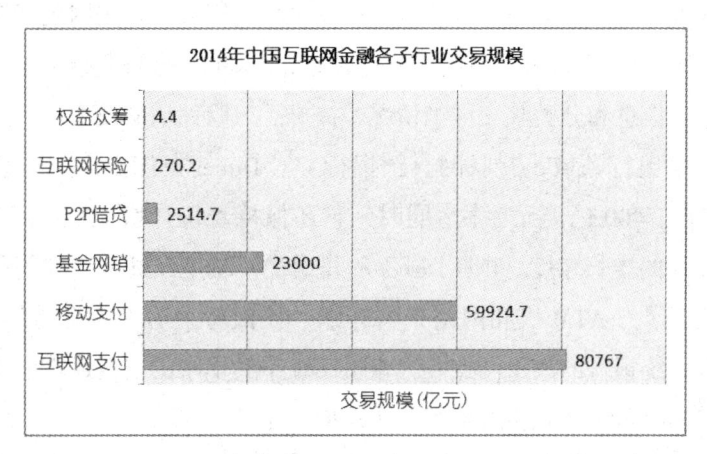

行业	交易规模（亿元）
权益众筹	4.4
互联网保险	270.2
P2P借贷	2514.7
基金网销	23000
移动支付	59924.7
互联网支付	80767

图1-7　2014年中国互联网金融各子行业交易规模

（数据来源：iresearch公司）

2014年中国互联网金融各子行业用户规模

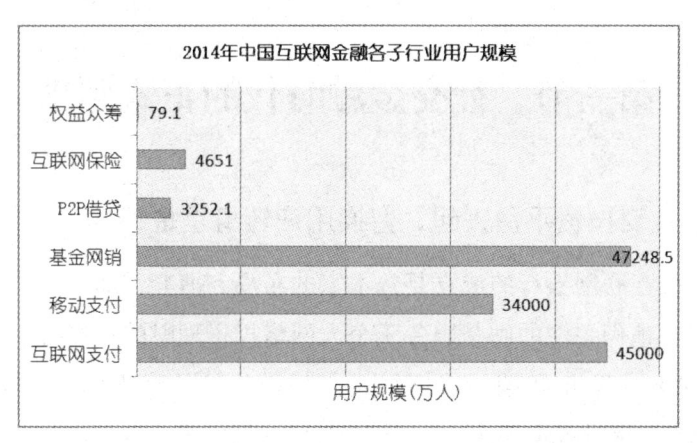

行业	用户规模（万人）
权益众筹	79.1
互联网保险	4651
P2P借贷	3252.1
基金网销	47248.5
移动支付	34000
互联网支付	45000

图1-8　2014年中国互联网金融各子行业用户规模

（数据来源：iresearch公司）

在P2P领域，2005年，Zopa在英国成立，互联网技术改造传统民间借贷的革命开始。2006年，Prosper、Lending Club等网络借贷平台在美国成立，主要服务于个人借贷，具有小额、细分的特点。由于P2P网贷相对银行贷款更加灵活便捷，这种新型融资模式很快从欧美国家风靡全球。

金融咨询、风险管理、理财服务等在技术驱动下也创造了一系列新平台和新模式。如创业公司 Kabbage 将来自企业社交网络中的客户互动数据、地理信息数据、物流数据等进行整合，提供投融资服务。如美国免费个人理财网 Mint 通过授权方式将用户的所有账户信息与 Mint 的账户连接，自动更新用户的财务信息和分类收支详细情况，提升了风险评估的效率。

在网络银行领域，互联网直销银行 ING Direct 在创立第五年就拥有了 400 万客户、400 亿美元存款；同时，它还保持着每月增加 10 万客户和 10 亿美元存款的增长速度。ING Direct 的秘诀之一就是鼓励客户利用所有已设立的银行网点、ATM 机和网络平台转账，该银行主动承担交易的手续费。由于没有传统银行的大量网点和大量员工，节约下来的运营成本使得其提供的存款年利率可以达到传统银行的 10~20 倍。

第三节　社交金融时代的正式到来

一、社交投资平台兴起，普通用户转身基金经理

如果说互联网银行的成立是资本家的布局和博弈，那么，对于中小投资者而言，他们关注的则是服务于个人网络投资理财的社交投资平台，图 1-9 为 2014~2018 年我国网络理财用户规模趋势的直观体现，图 1-10 为 2014~2018 年我国移动理财用户规模趋势的直观体现。

伴随着 2015 年上半年 A 股市场行情的火爆，一些以组合投资、网络社区为特点的社交投资软件雨后春笋般出现。用户们纷纷在网上自建股票投资组合，并在社交圈上分享互动，似乎每个人都成为了一名操盘投资的基金经理。每个人都在社交圈上分享自己的组合投资，形成了一群人玩组合的投资氛围。用户通过跟单组合来调配自己的投资比例，投资组合能够帮助用户参照机构投资的交易方法进行大类资产配置管理；同时，组合投资也能够

帮助平滑风险。这些新兴平台之所以搭建社交投资平台，就是为了利用互联网开放分享的文化将组合投资的概念渗透到用户交易习惯之中。

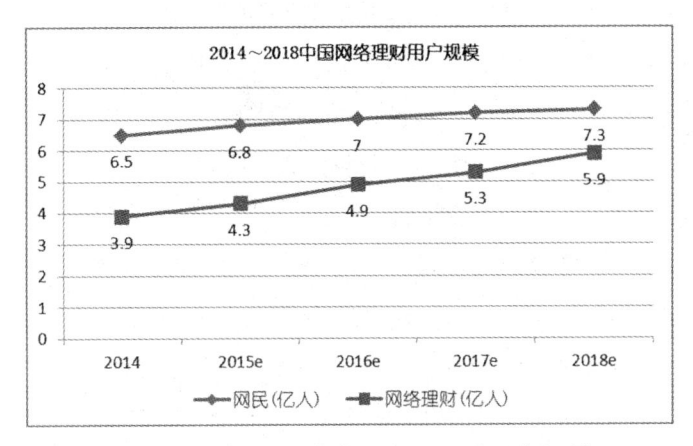

图 1-9　2014~2018 中国网络理财用户规模

〔数据来源：iresearch 公司（2015 年及之后为预测数据）〕

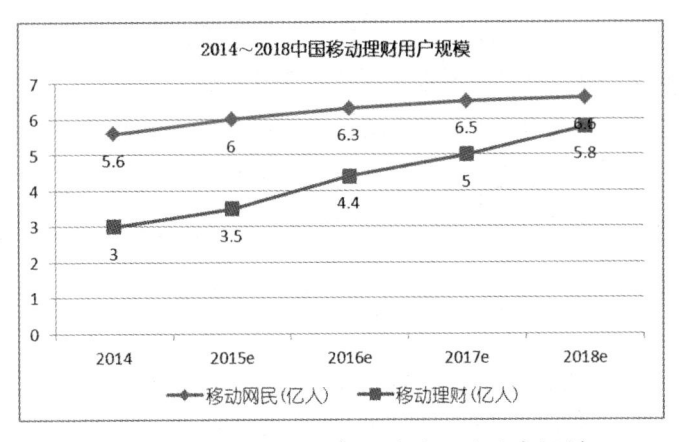

图 1-10　2014~2018 中国移动理财用户规模

〔数据来源：iresearch 公司（2015 年及之后为预测数据）〕

最早从事社交投资服务的是美国注册股票经纪商 MotifInvesting，这是一家结合网络券商和社交平台特点的组合投资平台。Motif Investing（简称 Motif），被互联网业界评为"社区平台 + 网络券商 + 个人金融理财"的组合体。用户可以根据某个主题或者投资逻辑来创建、分享既定类别的股票组合，也

社交金融：共享经济时代金融新格局

可以直接购买并持仓整个已有的 Motif 组合，或者调整其中各只股票的投资比例。更重要的是，Motif 还引入社交机制，用户可以将自己的 Motif 分享给好友或者选定的圈子。Motif 的社交网络是类似 Facebook 式的双向网络，只有建立双向好友关系，才能看见朋友对不同股票或投资组合的讨论。Motif 并不收取基金管理费，只收取少于 10 美元的交易费。在 Motif 上，当用户创建的投资组合有人购买时，Motif 会与创建者进行交易费分成。

基于数据挖掘的社交投资平台——Stock Twits 是一个基于投资人追踪金融新闻和彼此交换股票投资建议的平台。Stock Twits 基于各大社交媒体平台（如 Twitter 和 Facebook）为用户提供来自各个金融市场的民意趋势。Stock Twits 在社交数据上的价值体现在其聚合功能上，其金融数据来源有数百个。Stock Twits 还提供数据分析方法，如为用户提供社交讨论中最频繁主题的分析图表。

如今，国内也出现了很多社交投资平台，举例如下。

立足证券期货领域的社交投资平台——赢贝。赢贝是一家立足于上海自贸区的互联网金融信息服务公司。"赢贝"含 WEB 及 APP 端，是一款专业的期货互联网金融产品。赢贝具有发布、交友、认证、互动、话题、收藏等功能，社区会员在赢贝中可以获取高质量的行业资讯、分享个人观点、结交行业高手。同时，赢贝还实现了国内外行情数据实时展现、合约及商品专属公共交流圈、认证高手 VIP 交流圈、实时交易晒单、实盘模拟系统、金融游戏等功能。

行业专家集聚的社交投资平台——金贝塔。金贝塔平台中发布着近百个由证券分析师、投资达人、民间高手亲自操刀的股票组合。每个组合都源于一个明确的投资理念，3~20 只精选股票构成一个组合，即可完成特定领域的持股布局。金贝塔邀请各界投资达人加入，这些人的专业背景、真实身份经过严格的后台筛选并核实信息。在金贝塔中，这类已经通过身份验证的达人们都有加"V"标识。投资达人们每天在海量的财经资讯、研究报告、企业财报和业内消息中提炼最具投资价值的"干货"，凝结成多元的投资组合。

电子商务企业旗下的社交投资平台——京东财迷。京东财迷是京东金融旗下的股票投资类互联网技术服务及投资教育平台，该平台为私募基金研究员、证券分析师为主的专业证券从业人员提供技术服务及交流。对于愿意学习股票投资的用户，平台也会为其提供"模拟操作"及"投资教育"。针对专业用户，京东财迷发给每人1亿元虚拟币钱包，通过举办"精英选股公开邀请赛"，供大家切磋股票投资技术。加入该平台的普通用户，也将获得150万元虚拟币钱包，通过参加"小白模拟大赛"，跟随专业用户不断学习，边模拟精英选股，边熟练投资操作。

在上文介绍的这些社交投资平台上，普通用户有机会分享到投资大牛的投资组合。曾经高不可攀的投资分析师，如今却在为普通的用户分享投资信息，可谓是"旧时王谢堂前燕，飞入寻常百姓家"。此外，对于普通用户而言，社交投资平台为他们提供了展示的机会，普通用户通过发布投资组合，也有机会成为一名得到大家认可的"基金经理"。

二、资金融通与信用评价，基于关系链的金融服务

中国有句古话，"君子之交淡如水，小人之交甘若醴"。讲的是因君子有高尚的情操，互相宽怀，互相不苛求，不强迫，不嫉妒，不黏人，就像白水一样的淡。然而，现代人却往往将这句话误读为"好朋友之间不应该借钱"，"如果你要失去朋友，很容易，那就向你的朋友借钱或者借钱给你的朋友"。网络综艺节目《奇葩说》有一期就专门对"该不该催好朋友还钱"这个话题进行辩论，认为借钱给朋友时，一定要讲究自己的原则，遵循量力而为、认真评估的原则。这里的评估，就是指评估关系是否到位，评估此人是否有偿还能力，评估对方是否的确急需这笔钱。的确，熟人间借钱是一件"麻烦"的事情，但这种问题在社交金融时代迎刃而解。

"熟信"这款社交金融APP就是提供熟人匿名借贷服务，如图1-11所示。用户可以通过熟信匿名向熟人借款，也可匿名对熟人出借。熟信采用"单向匿名授信、双向匿名借贷"模式，保证借贷双方匿名、体面的同时，保障出借人资金安全。在熟信上实现借贷，有三个步骤。

第一步，单向匿名授信。出借人导入手机通讯录，对信任的熟人授信。比如，A觉得B、C、D、E、F信用不错，对他们各授信1万元；五人会收到信息，有一位熟人愿意在方便的时候借1万元给他，但不知道具体是谁。

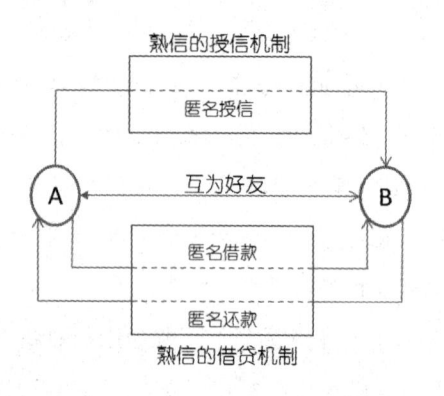

图 1-11 熟信的服务模式

第二步，双向匿名借贷。B发现有人对自己授信1万元，但不知道具体是谁，于是，他提出借款申请。A收到申请，双方匿名坦率磋商借款金额、期限、利率。当双方协商一致后，出借人通过第三方支付平台"易宝"，匿名将钱汇给借款人。

第三步，到期前，熟信系统提醒还款。借款人通过"易宝"，匿名将本息还给出借人。如果出现逾期，熟信为出借人提供电子、纸质证据，并通报熟人圈，协助催收。如违约，借款者将留下不良记录，并面临强大的社交压力。

相对于传统的线下熟人借贷，熟信的优势体现在两个方面。

1.通过熟信匿名借款的优势是：不用担心被拒绝、被盘问、欠人情；简便，无需担保、抵押、证明；利率自定义，远低于小贷机构；额度大，单笔最高可借10万元。

2.通过熟信匿名出借的优势是：帮助熟人并获得利息，系统具有提醒还款功能；预期收益高，利率由借贷双方商定，高于银行存款；风险低，借给亲自授信的可靠熟人，熟信还为用户提供法律支持。

在社交金融时代，熟人之间不仅可以借贷，还可以通过社交网络来评价借贷者的信用。

2014年7月，专注于大学生信贷消费的信用消费和管理平台"先花花"获得了2000万元Pre-A轮融资。与很多为大学生提供分期类金融服务的互联网金融平台不同，"先花花"的目标是打造一家信用管理公司，为年轻人建立信用报告。

先花花主要面向在校大学生，提供消费金额不高的生活必需品消费金融服务，目前包括支付宝代付、手机充值、周边商家优惠、分期购物、虚拟币充值等。用户完成注册后，提交姓名、身份证、所在学校、银行卡流水等信息，通过先花花平台的审核，用户即可获得几百元到几千元不等的信用额度，可用于消费先花花平台上的服务。每月底，用户会收到一份借款账单，根据账单进行还款。一次授信，循环借贷，用户的信用越好，还款利率越低，信用额度越高。

运营一段时间后，先花花团队发现因无借贷需求或无借贷消费习惯等原因，平台上的用户很少或基本不使用信用额度进行消费。于是，对产品进行了升级，加入了社交功能。增加的社交功能主要体现在两个方面，其一是在信用评级中加入熟人评价模块，并作为重要参考权重。用户获得评价越高，通过审核的时间越短，信用额度也更高。其二是当用户之间是同学或同事关系时，用户可以向熟人借用信用额度进行消费。当被评价人或借贷人出现逾期或其他不良行为时，他们的信用评级和额度也会同时降低；反之，按时还款则信用评级和额度同时上升。在这个机制下，用户会自己建立起一个越来越大的关系网，同时；平台对用户的信用评估也会随着网络的扩大而越来越精准。

三、从 SoFi 到 WeChat，社交金融时代的到来

面向大学生进行社交金融服务的商业模式起源于美国的 Social Finance（简称 SoFi）公司，这家公司也是社交金融领域的全球第一家。

SoFi 成立于 2011 年，总部位于美国旧金山，由斯坦福大学商学院的 Mike Cagney 与另外 3 个伙伴共同创立，是一家专做大学生网贷的 P2P 公司。大多数 P2P 平台解决的是那些无法在银行借到钱的人群的需求，而 SoFi 则专注于为高信用人群提供低利率贷款，以差别化低利率吸引高信用贷款者，以资产证券化获取低成本资金，通过社交功能进一步降低违约率。

SoFi 的借贷模式包括四个步骤：校友投资 SoFi 专为其母校设立的基金、该校学生借款、学生毕业后归还贷款、校友获得社会效益和经济效益，如图 1-12 所示。

SoFi 对借款人有两条限制原则：第一，必须毕业于指定排名前 200 的院校；第二，所学的专业必须是有发展前景的热门专业，如法律、商业、工程等。SoFi 的借款人年龄集中在 28~31 岁，平均年薪为 12.5 万美元，平均 FICO 信用分为 740 分。在美国，联邦政府提供的助学贷款的利率则高达 6.8%~8.5%，而 SoFi 为提供的贷款利率则在 4.99%~6.74% 之间，因此，对学生更有吸引力。

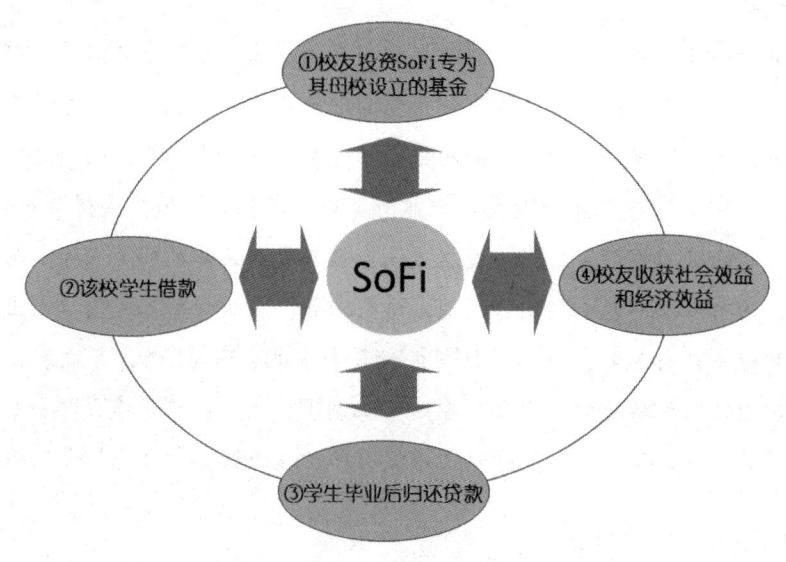

图 1-12 SoFi 的借贷模式

截止到 2014 年底，SoFi 的累计贷款额超过 13 亿美元，借款人数超过 15 500 人。

SoFi 之所以定位于为学生提供贷款服务，主要有两个原因。

第一，美国学生贷款市场需求非常大。据《纽约时报》报道，2012 年美国超过九成攻读本科学位的人需要依靠贷款支付学费，人均欠债 2.5 万美元。2010 年第二季度美国学生贷款发放规模达到 7620 亿美元，首次超过同期汽车贷款和信用卡贷款，成为除住房贷款外的第一大贷款品类。2014 年，学生贷款发放量为 11600 亿美元，占美国家庭总负债的 9.8%。

第二，美国学生贷款违约率分布不均匀。2011 年以来，学生贷款违约率基本维持在 8%~12%。然而，据美国教育部统计，排名前 200 大学的学生的平均违约率只有1.6%，远低于总体平均水平。因此，统一的贷款定价对于高信用人群来说是过高的。基于上述原因，SoFi决定为高信用学生提供差别化的低息贷款，同时加入社交元素，以校友给师弟师妹提供贷款和就业帮助的方式，进一步降低违约率。

2011年9月，Cagney从40位斯坦福商学院MBA校友处募集了200万美元，借给100个通过信用审核的斯坦福商学院学生，利率为6.24%，低于当时的联邦学生贷款利率6.8%，完成了第一笔交易。随后，他将此模式拓展到哈佛、哥大、MIT、杜克等知名高校。

随着大学生用户走出校园成家立业，SoFi也走向了房地产抵押贷款市场。SoFi首先选择近年来房价上涨迅速的地区，帮助年轻人解决买不起房的问题。2014年6月，SoFi在加州开展房屋抵押贷款业务，随后拓展到哥伦比亚特区、新泽西州、北卡罗莱纳州、宾州、德州和华盛顿州等23个地区。

虽然SoFi是第一家社交金融公司，但发展最快的社交金融公司却在中国。

微信于2010年10月筹划启动，2013年6月推出支付功能。微信支付在一年时间内达到了支付宝十年经营的用户规模，这与其背后的QQ、微信这样的大平台有很大关系。微信支付是基于腾讯系社交网络工具微信和第三方支付平台财付通的创新。微信为微信支付提供了巨大的社交用户群，而财付通则为微信支付提供了强大的支付系统。

无论是社交金融鼻祖SoFi的蓬勃发展，还是微信（WeChat）的方兴未艾，都预示着社交金融真的来了。

第二章
社交金融——大金融体系中的终极拼图

　　社交金融体系下，很多产品都是基于对人与人、人与企业、企业与企业等经济社会主体关系的深入理解。在互联网时代，金融的互联网化是必然的趋势；在社交网络时代,互联网金融的社交化是必然的趋势。越来越多的互联网巨头和传统金融机构加入社交金融的队伍，纷纷建立了自己的社交金融网络。

本章导读

金融源自商品交易，金融依赖社交关系
金融体系中的社交基因
社交网络时代的社交金融

第一节　金融源自商品交易，金融依赖社交关系

一、原始社会的以物易物

出版于 1719 年的小说《鲁滨逊漂流记》里，描绘了主人公鲁滨逊在荒岛上生活的种种经历。

人类历史发展的初期，由于生产力极其低下，社会分工尚未出现。这时期的人类尚处于"茹毛饮血"的阶段，每一个人的劳动所得归各自所有，其劳动所得也仅仅只够维持自身的生存。没有劳动剩余，也就没有财富的积累，更谈不上财富的分配。由于人类社会尚未形成，每一个人的劳动其实都是"鲁滨逊"式劳动，这种劳动只能满足自身的生存需要，经济学将这种简单的生产活动称之为"鲁滨逊经济"。

随着生产力的发展，人们生产的东西在满足自己消费之后仍有剩余；同时，人们也对其他人生产的东西具有需求，于是，以物易物的交换出现了。

马克思用两把斧头和一只羊的交易构建起了其政治经济学说，描绘的是原始社会以物易物的交易方式，如图 2-1 所示。荷马史诗《伊利亚特》也提

及到，竞技场冠军获得一名价值4头牛的奴隶，可见荷马时代还处于以物易物的阶段。

图 2-1 "以物易物"的经济形态

在原始社会和现代社会的某些原始部落，人们采用最原始的以物易物方式进行交易。在那些原始的地方，如果人们生产有剩余，就有可能拿出去和别人交换，交易时双方通常不见面。他们将物品放在路边的大树旁，然后人躲在树后，路过的人走过去，如果正好看到有他需要的东西，可能就会把它带走，然后留下等价的物品。如果原始人不躲在树后，他就需要站在交易物品的旁边，直到有恰好需要这个物品的人从旁经过，并找到合适的物品来与他进行交换，这个过程也许需要三个月甚至半年。这就将劳动力长期困在一个地方，大大增加了交易的成本。原始人躲在树后有一个好处，那就是前来交换的人不知道他是否在旁边，即用一种随机检查的方式来节约原始人的交换成本。

由于交换的成本过高，原始社会里每个部落只得自给自足。无论是从肉类到药品、从鞋子到衣服，需要自己去猎，自己去采，自己去做。虽然不同的部落成员可能有不同的专长，但他们用人情和义务组成经济网络，分享着各种产品和服务。每个部落都是独立的经济体，只有少数当地无法取得的稀有物品（例如贝壳、颜料、燧石），才得从陌生人那里取得。这种从陌生人处交换，通常采用的就是以物易物的方式，如用贝壳交换取火的燧石。然而，以物易物的交互方式具有明显的局限性。假设一位住在山上的果农A，种出的苹果又脆又甜、无人能比。A整天都在果园里辛苦工作，鞋子都穿破了。于是，A前往河边的市集找到鞋匠B的店面，告诉他，想用苹果跟他换双鞋。但鞋匠B面露难色，B不知道自己到底该收多少苹果。每天他都会有几十个

第二章 社交金融——大金融体系中的终极拼图

客人找上门,有人带的是几麻袋的苹果,有人带的是小麦、山羊或布匹,而且,质量高低不一。上次鞋匠 B 用鞋换苹果已经是三个月前的事了,当时是三袋苹果换一双鞋,或者是四袋,他已经记不清了。而且,上次的苹果与这次的苹果并不是一个品种,味道也不同。还有,上次那些苹果换的是一双布鞋,但这次 A 要的可是一双靴子。此外,鞋匠 B 生产鞋的原材料羊皮近来涨价,因为附近的羊都病倒了。因此,鞋匠 B 在与皮革商 C 交易中,想要从前一样数量的羊皮,得用两倍的鞋子来换。在以物易物的经济里,无论是鞋匠、果农,还是皮革商,如果要进行以物易物,那么,他们每天都得知道几十种商品的相对价格。然而,如果现在鞋匠不想吃苹果,而需要做鞋的皮革,则交易无法继续。此时,以物易物的经济就会陷入停滞,因为交易无法进行下去了,如图 2-2 所示。

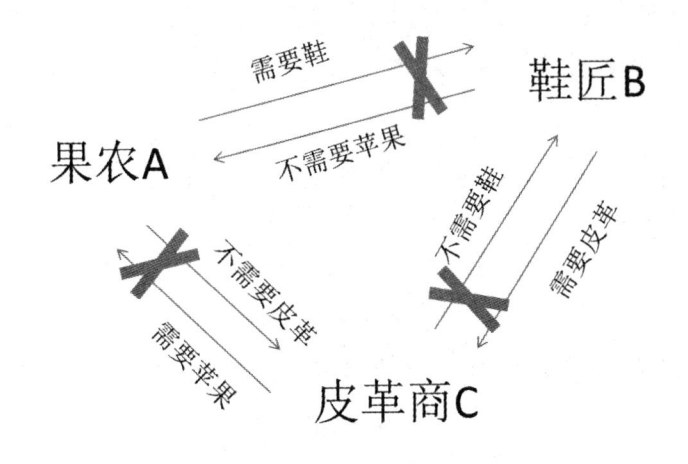

图 2-2 "以物易物"中的需求不对称

随着生产力的提升,以及商品市场的发展,方便携带并能够保值的货币等价物逐渐替代了以物易物的方式。纵观人类历史,那些人类早期的文明大都是金属货币的早期使用者。公元前 1600 年,殷商灭夏,初现铜铸货币,商朝中晚期,青铜币应运而生。秦朝颁布了中国最早的货币法,规定以黄金为上币,以铜铸币为民间流通使用。随着冶金工艺发展进步,世界各地先后进入青铜时代,开始向人工金属货币演变。

货币让人们能够快速、方便地比较不同物品的价值,让人们能够轻松交换物品，也让人们容易累积财富。货币的类型很多，人们最熟悉的是硬币就是一种标准化、上面印了文字或图像的金属。但是，早在硬币发明之前，钱的概念就已存在，许多文明都曾以其他物品作为货币来使用，包括贝壳、牛角、兽皮、盐、谷物、珠子、布料等。大约四千年前，整个非洲、南亚、东亚和大洋洲都是用贝壳来交易。

二、金融基础的演进：从金属到信任

曾经在许多地方、许多时间点，人类都曾发明过货币的概念。货币并不一定是科技上的突破，而是思想上的革新，货币存在于人们的共同想象与价值认同之中。在很长一段时间，这种想象与价值认同的物质载体便是金属。

在人类文明纪元以来，世界上许多国家都曾经不约而同的选择了黄金、白银等贵金属作为一般等价物。谁掌握了贵金属，就等于控制了货币，掌握了强大的主动权。金属开采与冶炼对一国的货币供应以及购买国外财富有很大的影响。

智利16世纪初以前属于印加帝国，印加帝国是11世纪至16世纪时位于美洲的古老帝国。16世纪30年代，一百多名西班牙殖民者在皮萨罗的率领下发动了对印加帝国的进攻。善良而无知的印加皇帝阿塔瓦尔帕邀请西班牙"客人"在哈马卡广场相见，西班牙人手捧《圣经》，宣称"以上帝和西班牙国王的名义"要求印加皇帝皈依基督教。印加皇帝发现《圣经》里面并无神奇之处，一怒之下把书扔出几米远，说："我们只相信太阳，不相信上帝和基督。"西班牙人大喊："出来吧！出来吧！基督徒们！向这些拒绝上帝福音的敌人冲过去吧！"在西班牙骑兵的冲击下，印加大军陷入混乱，西班牙殖民者俘虏了印加帝国皇帝阿塔瓦尔帕。

西班牙人让阿塔瓦尔帕在狱中发出命令，令印加人用黄金堆满一间长22英尺、宽17英尺、高8英尺的房间。当从印加帝国各地源源不断运来的黄金堆满了西班牙人的宝库后，西班牙殖民者却背信弃义地杀死了阿塔瓦尔帕。从此，印加帝国走向混乱和衰败，开始了长达三个世纪的黑暗。

无独有偶，为加强对中国的侵略和掠夺，1900年，英、美、日、俄、法、德、意、奥组成八国联军发动侵华战争。次年，《辛丑条约》签订，中国赔款本息合计高达九亿八千两百多万两白银。

为何在殖民时代，列强们争相掠夺原材料的同时，也不放过黄金和白银这两种金属？这是因为金、银这两种金属在刚刚连通的地球上，具有货币的天然属性。马克思说过：金、银天然不是货币，而货币天然是金、银。

从1944年的布雷顿森林体系建立"可兑换黄金的美元本位制"到1973年布雷顿森林体系的解体，及至1976年牙买加体系的建立，国际货币逐渐由固定汇率时代进入信用货币的浮动汇率时代。当经济稳定，国际环境和平发展的条件下，中央银行可以通过政府强大的信用以及黄金储备来发行纸币，金融机构在此基础上开展金融业务，进而开发出众多的金融衍生品。自此，金属货币似乎逐渐远离大众的生活与日常使用。

无论是贝壳还是纸币，它们的化学结构、颜色或是形状，并无法带来那些价值。人们之所以愿意将一处房产换成几沓钞票，是因为人们接受了这个集体的想象。因此，金钱并不是物质上的现实，而只是心理上的想象。这种集体的想象有一个名字，叫做"信任"。金钱就是一种相互信任的系统，在这种信任的背后，有着非常复杂而长期的政治、社会和经济网络。

为什么人们会相信贝壳、金币或纸币钞票？原因就在于：邻居、朋友、整个城市的人都信，因此，人们可以使用货币来交易。政府也相信，于是，人们可以用货币来交税，或者领取政府的救济金。因此，无论是金属作为货币，还是纸币作为货币，各种各样金融形态存在的基础，就是人与人之间的信任。

三、商帮、票号与金融中介的形成

金融是货币与信用的融合，它是商品交换与市场经济发展到一定阶段的产物。在经济发展过程中，以货币为媒介的商品交换打破了直接物物交换中买卖双方在时空上的限制。随后，信用的发展又使货币与商品交换在时空上的限制进一步放开，以至即使在交换双方商品所有权转移后市场仍继续存在。货币也逐渐作为一种可有偿转让的特殊商品，成为市场交易对象之一。于是，从商品流通中独立出了一种特殊商品——资本，金融也开始具有真正意义。此后，金融工具逐步由单一的货币形式发展为货币、商业票据、股票债券等多种形式并存，出现了专门经营金融业务的金融机构以及从事金融活动的金融市场，金融开始由最初中介商品交换的辅助地位逐渐发展成为经济活动中一个相对独立的因素。通过其自身的货币发行、信用创造、资源配置等金融功能，影响着社会再生产和经济发展的速度和质量。

2006年，一部讲述清朝咸丰年间晋商的电视剧《乔家大院》一经播出，便创下了当年内地电视剧收视冠军。该剧讲述了一代传奇晋商乔致庸弃文从商，在经历千难万险后终于实现货通天下、汇通天下的故事。

相较于中国历史上的其他商帮，晋商最有名的商业创造就是票号。票号又称票庄或汇兑庄，是一种专门经营汇兑业务的金融机构。在票号产生之前，商人外出采购和贸易全要靠现银支付，在外地赚了钱寄回老家也得靠专业的镖局将现银运送回去，不仅开支很大，费时误事，而且，经常发生差错。这就迫使外出经商的山西商人不得不寻求新的办法。

余秋雨在《抱愧山西》中写道："在上一世纪乃至以前相当长的一个时期内，中国最富有的省份不是我们现在可以想象的那些地区，而竟然是山西！直到本世纪初，山西，仍是中国堂而皇之的金融贸易中心。北京、上海、广州、武汉等城市里那些比较象样的金融机构，最高总部大抵都在山西平遥县和太谷县几条寻常的街道间，这些大城市只不过是腰缠万贯的山西商人小试身手的码头而已。"

坐落在山西中部的平遥古城，如今已经是"5A级"景区，每年迎接着数百万的游客。这里有平遥城墙、古县衙、文庙、清虚观等景点，最著名的则是成立于清朝道光年间的日升昌票号了。日升昌总号设于山西省平遥县城内繁华街市的西大街路南，占地面积一千六百多平方米。院内的一块牌匾"汇通天下"彰显着这里的不平凡。据说，西方金融专家甚至把日升昌称为"中国现代银行的乡下祖父"。在英文中，票号被翻译为"SHANXI BANK"。山西票号是中国民族银行业的先河，一度操纵十九世纪整个清王朝的经济命脉。

将日升昌的总号和各个分号作为节点，总号和分号之间、各分号之间互相连接，就构成了其内部运营的组织网络。该网络辐射中国的北部、中部和南部地区，如图2-3所示。在该网络中心（平遥总号）的统一调度和管理下，其余各个节点（各地分号）几乎遍布当时全国各个经济相对发达的地区。日升昌并非每省必设分号，而是基本不设孤号，在其势力所及范围内几乎每省设两个或两个以上分号。这种布局方法能保证日升昌组织网络内部的安全调剂，如某号缺银，周边分号即可镖运现银对其接济应急。

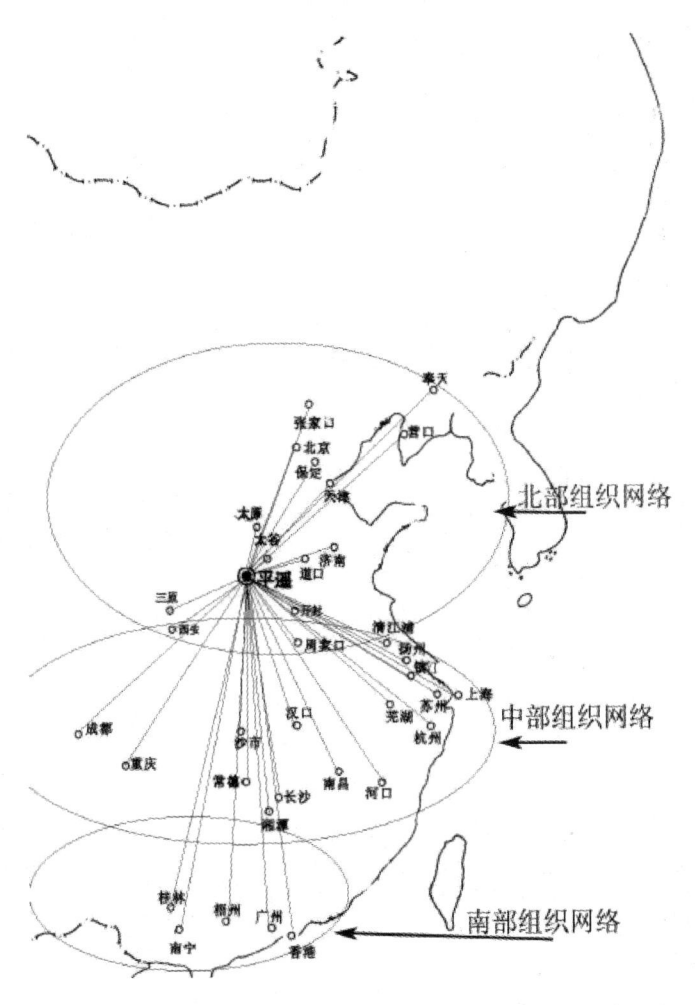

图 2-3　日升昌组织网络地域展开图（分号数目最多时）

（资料来源：赵莉莎. 日升昌票号的经营网络研究 [D]. 厦门大学硕士论文，2006）

日升昌作为山西票号第一家，经过一系列的金融创新，其几百年前的业务范围、办理业务的方式几乎与现代银行无甚差异。

汇兑业务在很长一段时间内是日升昌的最主要业务，按照汇票方向与资金流向的异同，可将汇兑业务细分为顺汇和逆汇，此两种形式仍见于现代银行中，如图2-4所示。甲地收款，为客户开立汇票，乙地见票付款，因汇票与资金流向一致，此为顺汇；甲地付款，客户出具汇票给票号，委托票号从乙地收款，因汇票与资金流向相反，此为逆汇。

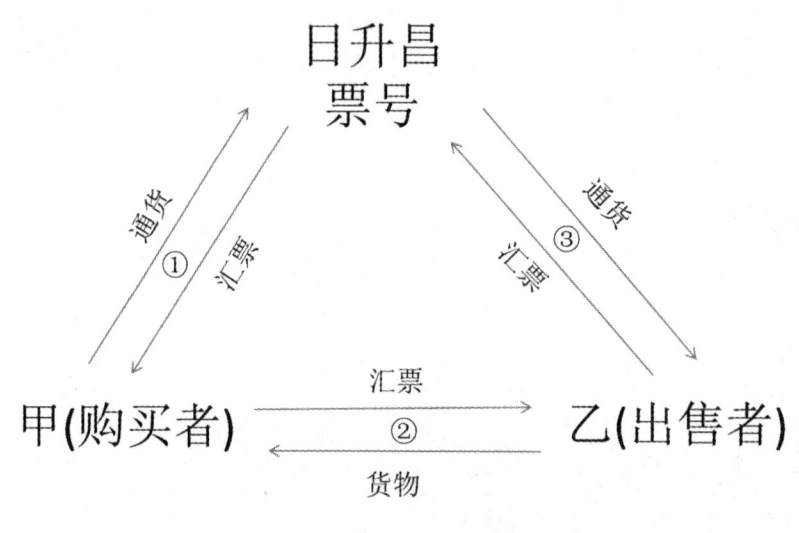

图2-4 汇兑业务图示

为开拓业务，日升昌在经营异地汇兑的同时，还借鉴帐局、钱庄的经验，兼营存放款业务。在日升昌存放款业务所针对的对象当中，以官府和官吏为多。因为就存款而言，票号利率低于钱庄银号，所以，商人很少存款于票号；而票号放款又对借款人选择甚为严格，非官僚、钱庄、大商人即不外借。因此，小商号也没有借款于票号的信誉资格，这就使官吏和官府成为了票号存放款业务的主要客户。

鸦片战争、甲午战争、八国联军侵华等列强侵华战争的不断发生，资本主义列强的不断入侵，使中国社会逐渐陷入了半封建半殖民地的深渊。强大的外国金融势力侵入中国金融市场，左右着资金的吞吐、汇率的涨落和金、银的出入，使得清末金融风潮不断。日升昌的命运也随着国家命运的起伏几经波折，再加上钱庄、票号本身也存在着不少弱点，且对外商银行的依赖程度越来越深，导致其抗风险能力的减弱。由此，钱庄、票号便逐渐退出了历史舞台。

第二节　金融体系中的社交基因

一、从富人的"游戏"到穷人的银行

战国时期四位有名的政治活动家，皆以礼贤下士而闻名于世，他们分别是信陵君魏无忌、春申君黄歇、孟尝君田文、平原君赵胜，时称"战国四君子"。其中，齐国的孟尝君以广招宾客、食客三千闻名。冯谖也是孟尝君家中的一位食客。《战国策·齐策》中的《冯谖客孟尝君》记叙了冯谖为巩固孟尝君的政治地位而进行的"焚券市义"。

有一次，孟尝君派冯谖到封地薛地去讨债。冯谖驱车来到薛地，派人将所有负债之人都召集到一起，核对完账目后，他便假传孟尝君的命令，免去所有欠款，并当面烧掉了债券。冯谖认为自己虽然没有收回债务，但却为孟尝君买了个"义"的好名声。原本薛地的人民与孟尝君之间是金钱借贷的关系，而债务的免除将他们之间的关系化为了仁义。后来，孟尝君由于失宠于齐王而被赶出国都，只好回到薛地。当孟尝君的车子距薛地还有上百里远时，薛地的百姓便已扶老携幼，夹道相迎他了……

在封建社会，孟尝君的放贷行为属于富人的"游戏"。冯谖销毁借据为孟尝君建立与封地人民的关系，这种关系在孟尝君遭到齐王排挤时发挥了作用。

时间切换到两千多年后的20世纪70年代，留学美国并获经济学博士学位的穆罕默德·尤努斯回到孟加拉国后，任教于吉大港大学经济系。他深感自己无法用经济学理论向学生解释现实的贫穷，故决定以村民为老师，去研究穷苦人现实生活中出现的经济学问题。

一天，尤努斯教授在学校附近的乔布拉村看到一个农妇在制作竹凳。得知农妇的资金来自高利贷，加工一个竹凳只能赚 0.5 塔卡（孟加拉国货币），收入极其微薄。如果农妇自己有资金，加工一个竹凳能赚 3~5 塔卡，相当于借高利贷时收入的 6~10 倍。第二天，尤努斯便展开调查，发现村里还有 42 个同样的人，共借了 865 塔卡高利贷，合 27 美元。尤努斯为之震惊，随即拿出 27 美元免息借给那 42 个人。农妇们很守信用，她们用尤努斯的钱还了高利贷，在产品出售后向尤努斯还了钱。此事使尤努斯很有感触，他找到当地银行的管理者说明情况，请他们向贫穷农妇放贷。得到的回答是：穷人是不值得信任的。连饭都吃不上，借了钱是不会还的。如果真要借钱，要有抵押和担保，而穷人家里没什么可以抵押，也找不到担保，所以，不能借钱给他们。后来，尤努斯以自己的名义从银行借出钱，组织自己的学生将钱再借给穷人。穷人用这些为数不多的借款，精打细算，精心经营，普遍增加了收入，而且，按要求还了借款，并能够归还高于商业银行的利息。于是，一套专门针对穷人贷款的方法和创办"乡村银行"的设想产生了。尤努斯认为贷款是人们摆脱贫困的方法之一，"乡村银行"便是为那些想做些事的穷人们提供少许的种子式资金，帮助他人实现自我雇用。

尤努斯经过多方奔走游说和八年艰苦努力，他创办的专为穷人贷款的"乡村银行"（格莱珉银行）终于在 1983 年得到政府批准。

后来，孟加拉国每年都举办 4 次关于乡村银行的国际对话节目，向想要复制该模式的热心人士做详尽介绍。仅 30 年的时间，尤努斯就已经在孟加拉 46620 个村庄中建立了 1277 家银行，服务了 639 万借款人。2006 年，诺贝尔和平奖史无前例地颁给了一位商业人士——孟加拉乡村银行的创建者尤努斯，表彰他从社会底层推动经济和社会发展的努力。

格莱珉银行的员工们主动下到村里地头去拜访借款者，大多借款人都目不识丁，借贷双方也不签署借款合同。格莱珉银行向客户们收取固定的单利利息，通常是每年 20%，相对孟加拉商业贷款 15% 的复利，这个利率是比较低。将钱借给那些在孟加拉社会里没什么赚钱机会的妇女们，通常会给家庭带来更大的收益，这些妇女们对她们的贷款会更为小心谨慎。偿款通常从借款的第二周开始，缓减了让借款人承担在年终偿付一大笔钱的压力。借款者要有 6~8 人构成"团结小组",相互监督贷款的偿还情况,如小组中有人逾期未能偿款,则整个小组都要受到处罚,如图 2-5 所示。

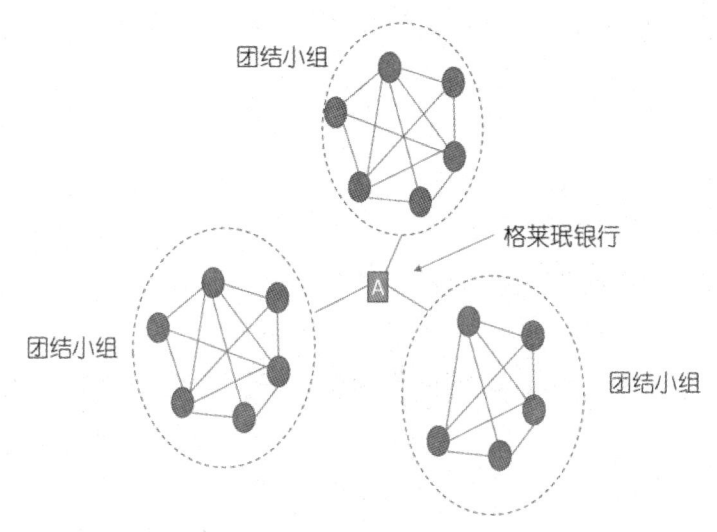

图 2-5　格莱珉银行的"团结小组"模式

如果说格莱珉银行是服务于家庭式创业的债权融资机构,那么,2015年由创业黑马集团发起成立的牛头网则是创业家的股权众筹平台。牛投网是依托《创业家》杂志成立的股权众筹平台。《创业家》有遍布全国的超过一万位创始人深度参与的黑马社群,旗下有《创业家》杂志、i 黑马网站、微信微博联盟、黑马学院、i 代言和黑马大赛、黑马基金。相对一般的众筹项目,黑马社群的众筹项目则更具说服力和传播力,牛投网还能够对黑马社群本身孵化的项目进行早期接触和筛选。

2016 年 1 月 24 日,黑马金融战略发布会召开。会上,创业黑马集团董事长牛文文表示"社群金融是草根金融的大未来",并发布了基于这一理念构建的黑马金融服务体系。黑马社群是一个帮助创业者成长的社群,因此,学习和融资是社群运行的两条主线。黑马社群推动创业者互相连接起来,通过创业者相互之间的判断形成投资决策机制,并基于此构建互助互惠的金融产品。黑马社群中的项目经过层层选拔涌现出来。以黑马成长营为例,学员报名就需要黑马导师、黑马创业者的推荐,再经过知名投资机构和优秀投资人的层层面试。当拿到入营资格的时候,这样的项目已经基本可以直接投资了。

二、交易所的平台机制

1792年5月17日，24名经纪人在纽约华尔街与威廉街的西北角一咖啡馆门前的梧桐树下签订了"梧桐树协定"，约定每日在梧桐树下聚会，从事证券交易，并订出了交易佣金的最低标准及其他交易条款。这便是现代交易所的起源。

进行证券交易或商品大宗交易的市场，所买卖的可以是现货，也可以是期货。通常分为证券交易所和商品交易所。以股票、公司债券等为交易对象的叫证券交易场所，以大宗商品（如棉花、小麦等）为交易对象的叫商品交易所，与金属有关的交易所则称之为金属交易所。

信用货币产生后，金属逐渐回归为物质财富生产的原材料，其与金融的关系也开始转变。即便如此，金属业与金融业之间也从未分离。如今，金属开始通过金融平台来实现定价、交易与价值增值。

有色金属通常指除去铁和铁基合金以外的所有金属。有色金属可分为重金属（如铜、铅、锌等）、轻金属（如铝、镁等）、贵金属（如金、银、铂等）及稀有金属（如钨、钼、锗、锂、镧、铀等）。历经二十多年的发展，中国已经跻身世界有色金属生产大国行列，位居西部的陕西更是有色金属大省，钒、钛、钼、镁、镍等金属储量和年生产量均位居世界前列。

在此背景下，全国唯一的国有省级金控金属交易平台适时而生，陕西有色金属交易中心于2014年6月18日正式挂牌运营。经陕西省政府批准设立的"陕金所"依托有色金属大省的资源优势和陕西金融控股集团强大的金融平台背景支撑，推出以实物线上贸易、交收、物流配套等综合一体化电子交易结算系统。

有色金属交易涉及到了实体生产者、大宗需求者、中间贸易商及投资群体，基于互联网金融的电子交易平台搭建，可以使各参与方都能在这个平台上长足发展，得到自己的利益体现，以实现金融和产业的紧密结合。陕西有色金属交易中心总经理周军虎表示："陕金所"定位于成为全面的有色商品交易撮合平台、全新的信息搜集整理平台、权威的价格发布平台、融资及投资的增值保值平台、资源的配置和效益最大化平台。在大数据与互联网金融的背景下，五个平台的定位绘制了陕西有色金属交易生态系统蓝图。

第二章 社交金融——大金融体系中的终极拼图

陕西有色金属交易生态系统包括四个子系统，分别是信息系统、仓储与物流系统、金融产品系统、金融支撑系统，如图2-6所示。

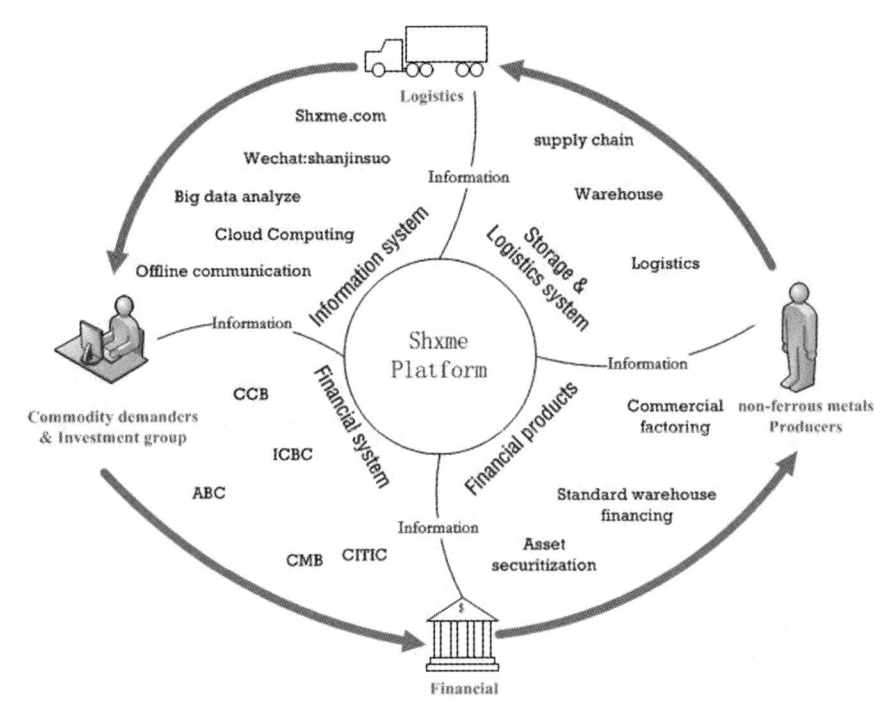

图 2-6　陕西有色金属交易中心的生态系统

信息系统方面，微信公众号、新浪微博等在线社交网络工具，陕西有色金属交易中心官方网站以及线下网络成为信息发布与反馈的重要渠道。此外，还推出了以实现线上贸易、交收、物流配套等综合一体化电子交易结算系统，建设陕西有色金属商品大流通、大数据平台。

仓储与物流系统方面，陕西有色金属交易中心承载供应链的线上协同和创新服务，以及物流和金融的服务，使线上供应链获得了超越和颠覆线下供应链的新型竞争力，从而使整个有色金属产业形成立体发展。

金融产品系统方面，陕西有色金属交易中心以专业的控制力把控行业脉搏，以交易为点，以金融为线，向产业链的各个环节延伸，开展有色金属商业保理，标准仓单融资，有色行业资产证券化等创新型业务。

金融支持系统方面，陕西有色金属交易中心分别与中国建设银行陕西省分行、中国工商银行陕西省分行、中国农业银行陕西省分行、招商银行、浦发银行、中信银行、西安银行、平安银行等签订战略合作协议。通过创新金融模式，建立金融机构认可的仓储管理体系，以标准化电子仓单合约形式全面承载各个金融产品。建立国际领先的交易平台，提供安全稳定的交易环境，实现专业银行"第三方资金监管"，保障投资者资金安全。

三、现代金融中的社交基因

信用是金融的基础，金融最能体现信用的原则与特性。在发达的商品经济中，信用已与货币流通融为一体，人与人之间的信任与信用为衍生金融提供了基础。随着赊账结算方式的应收账款规模持续上升，越来越多的企业特别是中小企业承受的贸易风险和资金压力也在加大。赊销给中小企业带来多重困难，为企业供应链网络带来压力。一是应收账款拖欠风险；二是本就融资困难的中小企业，在资金被占用后，更加难以开拓新业务；三是企业还要承担赊销期内的汇率变化风险。这为商业保理企业带来发展机遇。商业保理可以帮助企业管理风险，解除企业后顾之忧。企业从而可以专心研发产品、开拓市场，提升竞争力。

保理业务是指企业将赊销产生的应收账款债权转让给保理商，由保理商提供买方信用风险担保、资金融通、账务管理及应收账款催收等综合服务。卖方（供应链上游）将其现在或将来的基于其与买方（供应链下游）订立的货物销售（服务）合同所产生的应收账款转让给保理商（提供保理服务的金融机构），由保理商向其提供资金融通、买方资信评估、销售账户管理、信用风险担保、账款催收等一系列服务的综合金融服务方式，如图2-7所示。

对于企业来说，通过保理，其应收账款可提前转换成现金，在发货后即可从银行预先获得融资。在保理商核定的额度之内，可申请获得高达发票金额80%的预付款融资。应收账款及时转化为现金，从而提高了资金运用效率。同时，企业还可通过保理来规避买方的支付风险。企业的应收账款由银行提供买方信用风险担保后，如买方因信用因素无力付款，银行将履行付款，债权能得到100%保障。对于银行而言，保理业务作为一项中介服务，能获

第二章 社交金融——大金融体系中的终极拼图

得较高的服务佣金。可按照企业提供的买方信用风险担保、催收、资信审核、提供融资等逐项或合并收取保理手续费，通常为发票金额的 0.5%～2%。同时，在提供融资时还收取融资利息。保理三方的受益关系如图 2-8 所示。

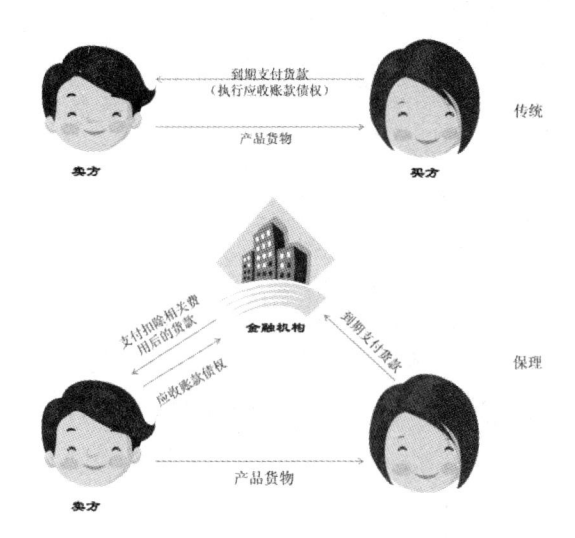

图 2-7　保理业务的模式

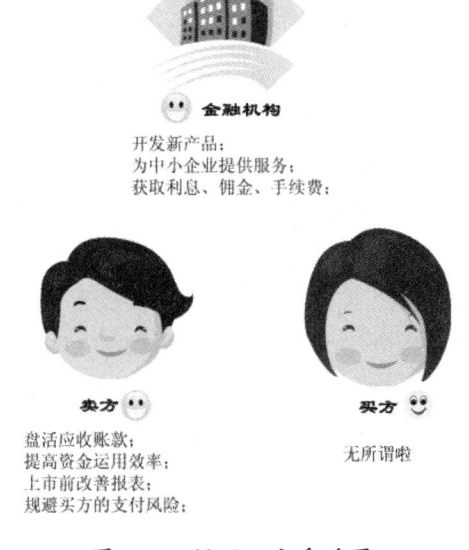

图 2-8　保理三方受益图

按是否可以向供应商追索，保理业务可分为有追索权保理（又叫应收账款收购及代购）和无追索权保理（又叫应收账款买断）两种，如图2-9所示。有追索权保理是指应收账款到期后买方没有履行付款义务，保理商可向供应商追索的保理。无追索权保理是指应收账款到期买方没有履行付款义务，保理商不能向供应商追索的保理。但买方以商业纠纷为由拒绝付款的，保理商仍可向供应商追索。

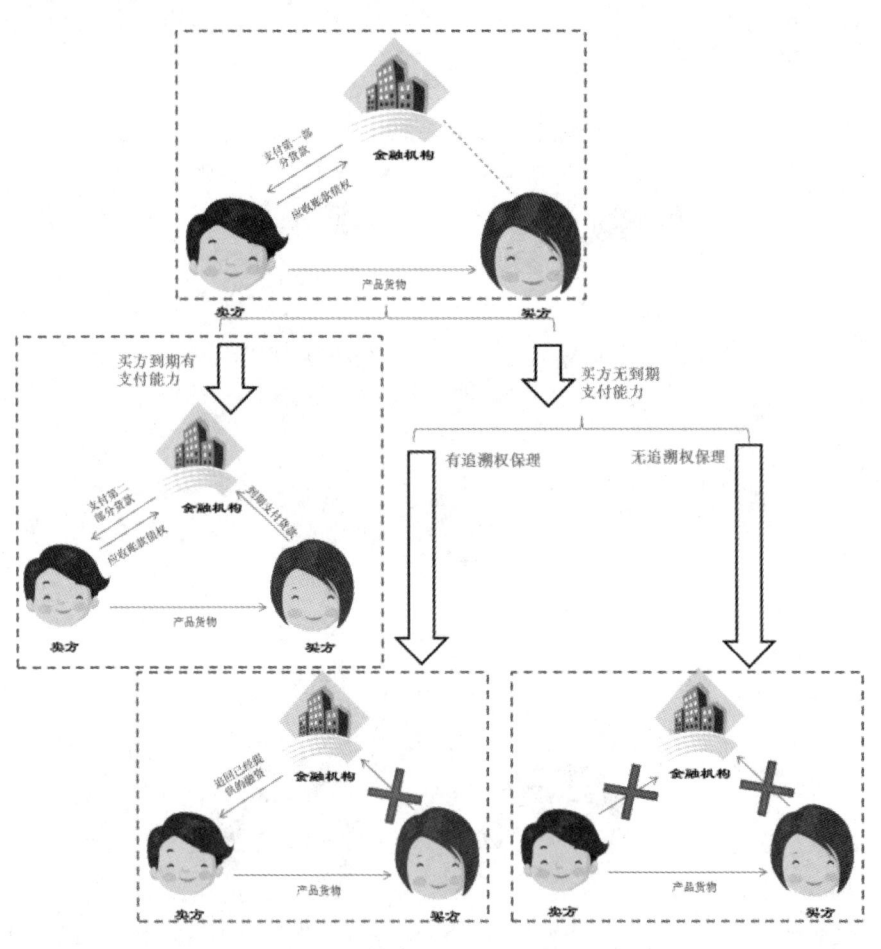

图2-9 保理业务的分类

保理面向的是应收账款，如果是对一个应收账款票据进行保理，则是单一保理业务。如果是对一定周期内（如两年）一系列应收账款进行保理，则是应收账款池融资。

卖方向银行（保理商）转让应收账款，银行向卖方提供的服务则不尽相同，有直接提供资金款项的，有提供银行承兑汇票的，有提供国内信用证的，有提供应收账款质押商票的。

对于买入的应收账款，银行可以将其打包成为信托产品进而转移风险。从保理营销方式来看，一般先选择大企业作为目标买方，建立良好合作关系，而后挖掘其上游的优质供应商，将上游的企业作为保理产品的潜在客户。可见，保理的达成依赖于企业的供应链网络，保理的关系建立在供应链网络之上。

包括保理在内的很多金融创新产品，都是对人与人、人与企业、企业与企业等经济社会主题之间关系的深入理解，从而提供能够使借方、贷方、第三方中介机构共赢的金融产品。

第三节 社交网络时代的社交金融

一、在线社交网络的出现

社会网络是由许多节点构成的一种社会结构，节点通常是指个人或组织，社会网络代表各种社会关系，经由这些社会关系，把从偶然相识的泛泛之交到紧密结合的家庭关系的各种人们或组织串连起来。社会网络由一个或多个特定类型关系的相互依存，如价值观、理想、观念、金融交流、友谊、血缘关系等。

马斯洛需求层次理论将人类需求像阶梯一样从低到高按层次分为五种，分别是：生理需求、安全需求、社交需求、尊重需求和自我实现需求。社交是指社会上人与人的交际往来，是人们运用一定的方式（工具）传递信息、交流思想的意识，以达到某种目的的社会各项活动。

随着互联网的发展，社会网络逐渐从线下向线上延伸。在国内，BBS、QQ、贴吧、QQ 空间、豆瓣、微博、陌陌、微信、来往、钉钉等相继上线。伴随着互联网浪潮成长，年轻人对社交网络的接受度更高，他们也愿意尝试不同的社交应用。

社交需求是人类根深蒂固的本性，社交网络借助技术满足了人类的原始需求。对于这种社交需求的规律进行探索，能够更好地激发起人们在社交网络上的分享和互动。随着技术的改变，人类会养成新的社交习惯，但人们热衷于分享的行为从来没有改变过。

根据中国互联网络信息中心发布的《2014 年中国社交类应用用户行为研究报告》，用户在社交网站上使用"发布日志（日记、评论）"功能的比例达到了 67.7%，如图 2-10 所示。

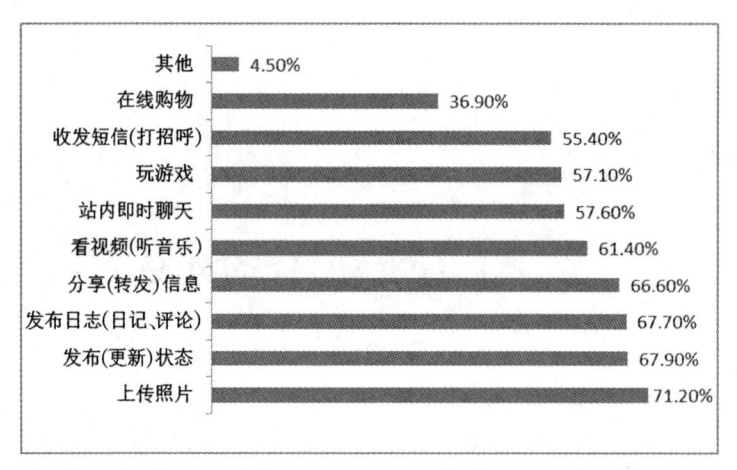

项目	比例
其他	4.50%
在线购物	36.90%
收发短信(打招呼)	55.40%
玩游戏	57.10%
站内即时聊天	57.60%
看视频(听音乐)	61.40%
分享(转发)信息	66.60%
发布日志(日记、评论)	67.70%
发布(更新)状态	67.90%
上传照片	71.20%

图 2-10　用户使用社交网站习惯

（数据来源：2014 年中国社交类应用用户行为研究报告）

在社会意义方面，社交网络和社交媒体的出现，信息的传播方式和人们的沟通方式，乃至生活方式都发生了变化。以前人们看新闻，更多是通过电视、广播、报纸、杂志、门户网站或者搜索，看完新闻难以发表即时评论或与朋友交流。如今，很多人获取信息的第一个渠道和方式则是微博或微信，事实上很多重大的新闻也的确是通过这些渠道得以广泛传播。

二、互联网金融的六大体系

信息通信技术的创新，不仅改变了人们沟通交流的方式，还带来了互联网金融的兴起。互联网金融是指传统金融机构与互联网企业利用互联网技术和信息通信技术实现资金融通、支付、投资和信息中介服务的新型金融业务模式。互联网金融不是互联网和金融业的简单结合，而是在实现安全、移动等网络技术水平上，被用户熟悉接受后，自然而然为适应新的需求而产生的新模式及新业务，是传统金融行业与互联网精神相结合的新兴领域。

1995 年，全球第一家网络银行——安全第一网络银行（Security First Network Bank）在美国诞生。此后，以网络银行为代表的网络金融飞速发展。到了 2000 年，网络金融覆盖了美国除现金外的所有零售银行业务和部分投资银行业务。通过引入互联网技术，金融业务突破了时空因素的限制，降低了信息管理和交易成本，大大提高了服务水平与效率，让服务更加个性化。然而，互联网金融 1.0 时代的互联网技术以门户网站为主，个人用户间不能相互联系沟通，缺乏平等、透明、协作与共享。

进入 21 世纪，互联网金融发展进入 2.0 时代，去中心化、去中介化成为趋势，各终端互联互通，信息通信技术基础设施演变成为整个经济和社会生活的基础设施。

伴随电子商务的异军突起，网络支付开启了第三方支付的新方式。1998 年 PayPal 在美国成立，它在银行金融网络系统与互联网之间建立起基于个人电脑的服务平台，为商家提供网上支付通道。随着亚马逊支付、谷歌钱包等第三方支付公司的出现，美国一度占据全球互联网支付的主要份额，直到 2013 年才开始被中国超越。

2014 年 4 月，中国人民银行发布《中国金融稳定报告（2014）》，报告指出我国互联网金融主要存在六种业态：互联网支付、P2P 网络借贷、非 P2P 的网络小额贷款、众筹融资、金融机构创新型互联网平台、基于互联网的基金销售，如图 2-11 所示。

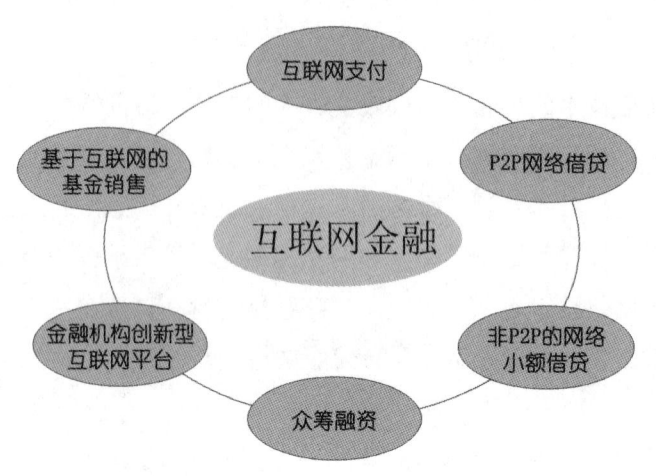

图 2-11　互联网金融的主要业态

1. 互联网支付

互联网支付是指通过计算机、手机等设备，依托互联网发起支付指令、转移资金的服务。其实质是新兴支付机构作为中介，利用互联网技术在付款人和收款人之间提供资金划转服务。典型的互联网支付机构是支付宝。

互联网支付主要分为三类。一是客户通过支付机构链接到银行网银，或者在电脑、手机外接的刷卡器上刷卡，划转银行账户资金。资金仍存储在客户自身的银行账户中，第三方支付机构不直接参与资金划转。二是客户在支付机构开立支付账户，将银行账户内的资金划转至支付账户，再向支付机构发出支付指令。支付账户是支付机构为客户开立的内部账务簿记，客户资金实际上存储在支付机构的银行账户中。三是"快捷支付"模式，支付机构为客户开立支付账户，客户、支付机构与开户银行三方签订协议，将银行账户与支付账户进行绑定，客户登录支付账户后可直接管理银行账户内的资金。第三种模式中资金存储在客户的银行账户中，但是资金操作指令通过支付机构发出。

2. P2P 网络借贷

P2P 网络借贷指的是个体和个体之间通过互联网平台实现的直接借贷。P2P 网络借贷平台为借贷双方提供信息流通交互、撮合、资信评估、投资咨询、法律手续办理等中介服务，有些平台还提供资金移转和结算、债务催收等服务。典型的 P2P 网贷平台机构是宜信和人人贷。

传统的 P2P 网贷模式中，借贷双方直接签订借贷合同，平台只提供中介服务，不承诺放贷人的资金保障，不实质参与借贷关系。当前，又衍生出"类担保"模式，当借款人逾期未还款时，P2P 网贷平台或其合作机构垫付全部或部分本金和利息。垫付资金的来源包括 P2P 平台的收入、担保公司收取的担保费，或是从借款金额扣留一部分资金形成的"风险储备金"。P2P 天然具有社交金融的属性，形式体现为一群人借钱给一个人，且放贷者与借款人之间有着各种类型的社交网络关系。

3. 非 P2P 的网络小额贷款

非 P2P 的网络小额贷款（简称"网络小贷"）是指互联网企业通过其控制的小额贷款公司，向旗下电子商务平台客户提供的小额信用贷款。典型代表如阿里巴巴金融旗下的小额贷款公司。

网络小贷凭借电商平台和网络支付平台积累的交易和现金流数据，评估借款人资信状况，在线审核，提供方便快捷的短期小额贷款。例如，阿里巴巴所属的阿里小贷向淘宝卖家提供小额贷款，旨在解决淘宝卖家的短期资金周转问题。截至 2015 年 3 月，阿里小额贷款公司运行两年半以来，已累计为 20 万客户发放了贷款，户均贷款金额 6.7 万元。

4. 众筹融资

众筹融资是指通过网络平台为项目发起人筹集从事某项创业或活动的资金，并由项目发起人向投资人提供一定回报的融资模式。典型代表如"天使汇"和"轻松筹"。

众筹融资平台扮演了投资人和项目发起人之间的中介角色，使创业者从认可其创业或活动计划的资金供给者中直接筹集资金。众筹天然具有社交金融的属性，形式体现为一群人帮助一个人，且帮助者与被帮助者之间有着各种类型的社交网络关系。

5. 金融机构创新型互联网平台

金融机构创新型互联网平台可分为以下两类。一是传统金融机构为客户搭建的电子商务和金融服务综合平台，客户可以在平台上进行销售、转账、融资等活动。平台不赚取商品、服务的销售差价，而是通过提供支付结算、企业和个人融资、担保、信用卡分期等金融服务来获取利润。目前这类平台有建设银行的"善融商务"、交通银行的"交博汇"、招商银行的"非常e购"以及华夏银行的"电商快线"等。二是不设立实体分支机构，完全通过互联网开展业务的专业网络金融机构。如众安在线财产保险公司仅从事互联网相关业务，通过自建网站和第三方电商平台销售保险产品。

6.基于互联网的基金销售

按照网络销售平台的不同，基于互联网的基金销售可以分为两类。一是基于自有网络平台的基金销售，实质是传统基金销售渠道的互联网化，即基金公司或基金销售机构通过互联网平台为投资人提供基金销售服务。二是基于非自有网络平台的基金销售，实质是基金销售机构借助其他互联网机构平台开展的基金销售行为，包括在第三方电子商务平台开设"网店"销售基金、基于第三方支付平台的基金销售等多种模式。其中，基金公司基于第三方支付平台的基金销售本质是基金公司通过第三方支付平台的直销行为，使客户可以方便地通过网络支付平台购买和赎回基金。以支付宝的"余额宝"和腾讯的"理财通"为例，截至2014年1月15日，"余额宝"规模突破2500亿元，用户数超过4900万；"理财通"于2014年1月22日上线微信平台，不到10天规模已突破100亿元。

三、社交金融的江湖，类型与地位

随着Facebook、微信为代表的社交网络迅速崛起，以及社交网络中各种第三方支付、基金、众筹、O2O等金融产品的植入，社交网络渐渐开始带有金融属性。"社交金融"就是指借助使用者的社交网络，开展金融服务的营销、体验、提供等多种目的的金融服务模式。在互联网金融时代，客户数量的竞争成为了竞争的主要目标。作为在总体网民当中渗透率为92.6%的社交领域，成为了互联网金融企业及金融机构关注的重点。

从社交网络覆盖的网民人数来看，社交网络的覆盖范围基本与网民的覆盖范围相当，使得社交网络的传播速度和广度指数级提升。从产业角度而言，社交网络可帮助网站与应用导入用户和流量，加大了信息的覆盖层面和传播力度。以美丽说、蘑菇街为代表的新兴网站通过接入社交网络成为了极大的

第二章 社交金融——大金融体系中的终极拼图

受益者。而在金融领域，"微信银行"在金融社交领域的成功尝试，充分说明了社交网络对于金融服务的巨大促进作用。在"社交网络+"方面，银行机构面临的局面与传统零售行业是基本一致的。银行业务的线上化成为了银行不断变革的方向，包括网上银行、手机银行、"微信银行"、直销银行、网络贷款等。

社交金融在国内外的发展还处于起步阶段，社交金融还没有明确统一的定义。谭培强（2015）认为，社交金融与传统金融服务的最大区别是应用场景的生活化和社交化，将金融产品和服务融入人们日常生活，并且建立和提升人与人之间的社交联系。宋琳（2015）认为，社交金融是指基于社交环境下的信贷金融体系，其通过互联网在社交信任的基础上建立用户之间的金融关系，充分发挥社交网络高效、便捷、即时等优势，并利用社交网络对风险进行控制，实现普惠金融。郑艺（2015）认为，大众在社交媒体上频繁交互，产生大量真实且活跃的数据，金融机构通过客户的社交行为或者交互数据设计、推送产品，提升客户体验。郭经延和邓伟根（2016）认为，社交金融是依赖于第三方支付等互联网技术的支撑，在社交网络平台进行资金融通活动的总称，是在互联网金融基础上发展起来的一种以社交网络为平台，以互联网和移动互联网为主要传播技术的特殊互联网金融模式。

以上论述从不同视角对社交金融进行了界定，由于出发点不同而难免具有局限性。本书认为，社交金融是指金融机构依托互联网或移动互联网平台，基于用户之间社交关系提供金融服务并进行风险控制，包括社交众筹、社交化的P2P、社交基金、社交保险、社交银行等子门类。从业务目标上划分，社交金融包括四类：嵌入社交网络之中，进行金融产品的社会化营销；搭建投资者社交平台，为用户提供投资组合；基于社交网络关系，为特定人群提供金融服务；对接吃住行游购娱消费，服务人际交往活动。

社交金融具有人际交往、信息流动、资金融通的功能。2014年以来，国内越来越多的互联网巨头和传统金融机构加入社交金融的队伍，纷纷进行"社交网络+"。如支付宝越来越重视社交功能的加入，微信在积累了大量社交用户后便推出微信支付服务，平安集团则是启动了"1333"社交金融服务平台战略。此外，还有众多天生就是基于社交服务的 P2P、众筹平台，而基金、保险、银行等传统金融机构也纷纷开拓社交金融市场。

根据信诺数据发布的《2015年1~4月中国移动互联网行业发展分析报告》显示，凭借 QQ、微信的强大影响力，腾讯公司在社交领域已经占据绝对优势，微信钱包在 2015 年春节期间也占尽风头。这种创新属于"社交网络＋金融＝社交金融"。

人人公司在公布 2015 财年第一季度财务报告之后，董事长陈一舟公布了公司的重大转型。公司将追随互联网金融的风口，从社交网络平台向在线金融公司演进，开拓互联网金融的相关业务。陈一舟是社交金融的早期参与者，2011 年便投资了 SoFi。人人公司于 2014 年推出的"人人分期"平台已经积累了 27 万注册用户，交易额达 3.3 亿元。这种创新属于"社交网络＋金融＝社交金融"。

2014 年初，支付宝钱包 8.0 版本上线，除了购物付款之外，用户还可以 AA 付款、互相转账、为他人交话费等。收款人和付款人同时打开一起 AA 界面，收款人按住按钮找到附近的用户，选择付款人的账户即可进行收款，收款完成之后可以选择是否将对方加入自己的支付宝联系人，整个操作过程的社交属性非常强，也能够建立一套基于交易的社交关系链。这种创新属于"互联网金融＋社交网络＝社交金融"。

平安集团董事长马明哲曾指出："平安将立足于社交金融，围绕客户的衣食住行玩，建立五大平台，将金融嵌入生活之中"。壹钱包是平安集团 2014 年推出的一款第三方支付产品，它是一个可以帮助客户进行财富管理、健康管理、生活管理的移动社交金融服务平台。此外，壹钱包推出了社交支付功能，用户可在壹钱包中加好友、建群组。在聊天的同时实现 AA 制付款、召集群活动、情景转账等，使金钱往来更具人情味和趣味性。这种创新属于"金融＋互联网＋社交网络＝社交金融"。

互联网社交金融集"互联网金融"、"社交网络"双重特点。互联网金融主要有"成本低、效率高、覆盖广、发展快、管理弱、风险大"六大特点。在社交金融模式下，互联网金融风险大的问题得以改进。通过社交平台，投资人可以和借款人有进一步的交流，更加真实的了解到借款人的需求，再根据实际情况选择是否给予投资。此外,在社交圈子的约束下,社交金融的坏账率也有很大的降低。

在互联网时代,金融的互联网化是必然的趋势。在社交网络时代,互联网金融的社交化是必然的趋势。

第三章
如何构建
社交金融——基础+步骤+模式

社交金融必须有金融的逻辑、互联网的体验和社交的基因。银行、金融机构作为社交网络中的个体，通常都有社交需求，也有金融需求，从而逐步形成了社交+金融的业务模式，模式纷繁复杂，如何构建社交金融体系成为很多金融性企业必须考虑的问题。

本章导读

社交金融的三大基础：金融＋互联网＋社交
构建社交金融的三个步骤：个体＋关系＋目的
社交金融的商业模式：金融＋社交（X）

第一节 社交金融的三大基础：金融＋互联网＋社交

社交金融是金融服务、互联网、社交网络三者的有机结合，而这三者也就是社交金融构建的重要基础，即社交金融必须有金融的逻辑、互联网的体验和社交的基因。

金融的逻辑是指社交金融属于金融服务业，对金融的收益、风险、安全等因素要求极高。互联网的体验是指产品在使用中必须具备简单、顺畅、可靠、低价等特点。社交的基因是指社交金融产品需要有一定用户基数，用户之间应具备社交关联。

一、金融的逻辑：收益与风险并存

金融是指对现有资源进行重新整合，实现价值流通，实现从储蓄到投资的过程。金本位时代，黄金是公认最好的价值代表。金就是指金子，融指固体融化变成液体，也有融通的意思。金融就是将黄金融化分开交易流通。如今，黄金已经很大程度上被更易流通的纸币、电子货币等所取代，但金融的一些基本属性并没有改变。

第一，金融的基础——信用没有改变。金融从产生开始，就同时伴随着信用的构建。对于金融业而言，信用在金融业资产的首位，信用是金融存在之本。假如没有了信用，银行业不敢放贷，企业就会融资困难。信用体系的建立是一个庞大的项目，金融信用也是一样。在现有社交金融服务中，这里的信用很多都体现在社交网络关系上，即成员之间的相互评价，或是基于社交数据挖掘从而进行评估。

第二，金融的价值——流动没有改变。金融的本质就是对接资金需求方与供给方。互联网最大的一个特点就是使信息流动成本很低且速度很快，当网络流动的是金融信息时，即资金的流动和融通就变得更为快捷方便。在社交金融中，资金的流通依附于人与人之间现有的社交网络或者潜在社交网络。

第三，金融的规避——风险没有改变。金融风险是金融机构在经营过程中，由于决策失误，客观情况变化或其他原因使资金、财产、信誉有遭受损失的可能性。一定量的金融资产在未来时期能产生多大的货币收入流量，具有不确定性。这种预期收入遭受损失的可能性，就是金融风险。在社交金融中有着特殊的风险规避机制，如基于社交信息的大数据挖掘进行风险识别。

第四，金融的诱惑——杠杆没有改变。金融杠杆具有乘数作用。使用这个工具，无论最终结果是收益还是损失，都会以一个固定的比例增加。因此，在使用这个工具之前，投资者必须仔细分析投资项目中的收益预期和可能遭遇的风险。在社交金融领域的P2P中，往往出现错误运用杠杆的以借新贷还旧贷的庞氏骗局模式。

以上四个方面是金融本身所具有的属性，在社交金融中依然存在，只是表现形式或作用方式发生了一些变化。在社交金融中，这四个方面依赖于社交网络中人与人之间的连接方式、关系强度以及网络整体特征等因素。

二、互联网的体验：以用户为中心

早在互联网商业出现之前，服务行业就已经有了"顾客就是上帝"这样的箴言。然而，互联网时代的到来，使得用户导向更加重要。这里要注意的是用户导向，而非客户导向。用户是使用产品的人，客户是掏钱买东西的人。互联网公司用户和客户的获得与传统行业迥异。传统行业通过面对面和用户交流，用户购得产品和服务之后方才使用，企业获取用户的因素有人情关系和利益。互联网行业的产品和服务，先是通过线上与用户交流，服务提供者与用户谁也不认识谁。因此，互联网公司获得用户靠的不是感情，也不是关系，甚至也不是利益纽带（因为用户一般也不付费）。唯有满足用户需求，提高用户体验，有了众多免费的用户之后才能发展付费的客户（这与传统行业相反）。

社交金融是基于互联网的金融服务，其用户导向应从十个方面展开。

第一，用户体验。产品的技术含量较高，可能会对用户形成使用门槛。因此，应该重视用户体验，避免将复杂技术呈现在用户体验上，而是将复杂技术融于简单的用户体验中。互联网企业对用户体验的重视，贯穿产品诞生与发展的全流程，良好的用户体验可以造就良好的口碑。在互联网时代，信息一天24小时不间断传播。一个好的用户产品，如果超出了用户预期，一天之内可以传遍全世界。前提是产品体验要好到一定程度，好到他们愿意在网上说出来，愿意与朋友甚至是不认识的人分享。

第二，用户利益。将用户利益放在股东的利益或者公司利益之前。越是用户在意的问题，就越可能成为产品突破的缺口，即用户的痛点可以成为产品改进的另一个契机。如手机上网流量费高，不仅是手机用户上网非常在意的问题，也是技术难以突破的问题。手机浏览器UC并没有就此放弃，而是投入了长期的研究，最终斩获了手机浏览器的头把交椅。

第三，用户需求。每一个产品经理一定是一个"骨灰级用户"，他不但对自己的产品，而且对竞争对手的产品都要了如指掌。企业不断推出自己新业务的时候，除了要关注自身的成长，同时，一定要牢记所做的事情是要帮助用户解决他们的问题。这也是为何企业要不断做市场调研，了解目标受众和用户的重要原因。不去了解用户需求，那么可能会导致大量人力、物力做的产品没有人使用，用户购买产品后无法获取其对产品的看法，导致不能及时调整产品及营销策略。

第四，用户轨迹。互联网企业从诞生的第一天起，就利用这个优势不断积累用户的行为习惯。互联网企业后台系统积累的大量数据，如用户点击了什么网页、对什么感兴趣等，通过分析、利用这些数据，可以为用户提供更智能的服务。积累用户行为习惯，使产品更精准地满足用户需求，对用户投放的广告也更为直接有效。

第五，用户意见。现在很多企业都开始拥抱社交平网络，在各个社交平台上建立自己的社交账号作为和用户沟通的桥梁，社交营销也已经成为企业营销的新阵地。尼尔森数据调查显示：68%的消费者相信网络上的消费者意见，84%的消费者相信从认识的人的口中得到的建议。这些数据表明，互联网和社交平台已经成为消费者了解企业产品的重要渠道，优质的客户服务能给企业带来更多正面口碑、赢得更多潜在用户的关注。

第六，用户网络。在社交平台上，每个消费者的声音都是重要的，无论这个声音是正面的还是负面的。消费者可以利用社交平台进行传播，把他们对企业和产品的感受及印象分享给更多的朋友。企业应在社交平台上维护好自己的品牌和客户网络。卓越的客户服务是消费者忠诚度的关键，而社交平台则是一种有效联接和沟通的工具，也是企业向消费者提供服务的重要渠道。所以，企业一定要建立和维护好自己的社交网络，让社交网络成为和消费者沟通的桥梁。

第七，用户响应。Lithium-commissioned的研究表明，53%的消费者希望品牌能够在一小时内对用户的请求做出响应，如果这个数字上升到72%的时候就会产生投诉。如果公司不能给出消费者需要的答案，那么38%的用户会对品牌有消极的印象，60%的用户会去表达他们的不满情绪。这表明及时的用户响应是非常重要的，企业一定要格外重视客户提出的每一个意见，并做出积极响应。应该建立一个良性的运营机制，降低消费者的不满情绪，进一步拉近和消费者的关系。

第八，用户情感。如果在宣传中，关于产品或者企业的信息过多，消费者也会疲于接受。如果能根据时间段，每天发布有哲理或者能符合消费者生活、心理状态等的微博文字，也能获得很多人的关注。往往一句有用的话，就能吸引读者，从而产生感情上的共鸣，得以集结众多忠实的粉丝。更新频率以每天 5~10 条为宜，且不要在短时间内连续发布多条，应该在消费者时间比较充裕和心情比较放松的时间段发布。

第九，用户满意。判断一个想法正确还是错误，判断一个产品和服务是好还是不好的唯一标准是用户满意度，就是有多少用户喜欢产品。然而，一个群体往往难以了解另外一部分群体的想法。如全国大学毕业生只占网民总数的十分之一，剩下的大部分网民多是文化程度不高、收入不高的用户。因此，做到用户满意并不是停留在测试中，也不是停留在一部分群体的反馈中，而是应该尽量覆盖所有用户类别。

第十，用户定位。当开发一个新产品的时候，其实是难以获取用户需求的，因为用户也许自己都不知道自己需要什么，不知道一个新的产品是什么样子。好的产品经理应该具备帮助用户定位的能力。产品经理的责任就是怀着信仰去设计一个产品，去决定颜色是用蓝的还是用红的、字体该用大的或者是小的、该放左边还是右边……产品经理的心中一定要对产品有一个非常清晰的定位，即产品解决了什么样的用户问题，切入点是什么，产品到底是什么。这些问题最好能够用简短的语言讲清楚。

三、社交的基因：管道、棱镜与关系羊群

经济交易是嵌入在社交网络中的观点由来已久，社交网络（如 Facebook、Linkedin、新浪微博、微信、钉钉等）改变了社会嵌入性的基础，极大的便利了社交关系的创建和维持，并使得这些关系高度可观察。个体通过强大的社交网络联接实现彼此交易，其经济决策也不可避免的嵌入在社交关系中。越来越多的在线平台试图利用这些社交关系发起经济行为，如借贷（如 Prosper，一家 P2P 在线借贷平台网站），汽车租赁（如 Getaround，私家车出租服务公司），房屋租赁（如 AirBnB，联系旅游人士和家有空房出租的房主的服务型网站），等等。

基于在线平台筹集公司股权，称之为股权众筹。Seedrs 是一家英国的股权众筹网站，2012 年 7 月成立的 Seedrs 上的投资者可以分为两大类。第一类是独立投资者，他们占投资者的绝大多数。他们来到 Seedrs，试图发现并投资潜力巨大的创业公司。第二类投资者的规模较小，但重要性却不可忽视，

称之为社交投资者。他们加入Seedrs，是为了投资从朋友、家人或外部社交网络中某人处获悉的创业公司。

对于Seedrs或者类似的众筹平台而言，筹资成功的秘诀在于：独立投资人如果看到项目筹资交易势头强劲：有最终完成的希望，才会考虑投资。而创造这种强劲交易势头，靠的就是社交投资者提供的首批资金。相关数据显示：

其一，Seedrs上列出的所有初创企业中，在启动资金为0的情况下，只有不到15%的公司最终达到筹款目标。换句话说，创业时没有来自社交网络投资者的投资，只有不到15%的成功机会。

其二，那些通过社交网络投资者募集到最初1%资金的初创公司，最终能够完成募资目标的概率上升到超过27%。

其三，获得社交网络投资者5%初始投资的公司有近乎一半的概率完成目标。

其四，获得社交网络投资者10%初始投资的公司完成目标的概率增加到70%以上。

其五，获得社交网络投资者20%初始投资的公司完成目标的概率上升到80%。

其六，获得社交网络投资者30%初始投资的公司获得融资的概率为90%。

其七，每一个创业公司如果能从社交网络投资者获得35%的投资，就几乎必然会完成筹资目标。

以上这些数据传递出来了一些核心信息：如果创业者希望通过Seedrs成功筹集资金，则需要通过自己社交网络成员筹集超过总额30%的资金。即众筹融资中直接通过"陌生人"投资者进行投资并非完全不可能实现，只是成功概率会偏低。成功的众筹项目往往需要发动朋友、亲戚或者其他熟人网络进行先期投资，从而创造出交易的"动力"，才能进一步吸引陌生投资者。

Seedrs的联合创始人Jeff Lynn认为："众筹是由社交网络驱动的业务，社交网络的深度和广度决定了众筹业务的方向。这个网络让更多的投资者参与其中，会给企业带来更多的效益，给投资者带来更加优秀的投资机会。"这里的社交网络联接充当着陌生人参与投资的管道。然而，这里的数据表明

第三章　如何构建社交金融——基础＋步骤＋模式

了众筹平台的实际情况，对于 P2P 平台是否也是这样呢？

信息管理领域顶级期刊之一，MIS Quarterly 在 2015 年发表了一篇文章，研究 P2P 借贷平台上的朋友关系对项目投资的影响，具体就包括管道、棱镜以及关系羊群三种效应。这篇文章将社交网络关系划分为线下好友和线上好友两类，从拍拍贷（中国的 P2P 借贷平台之一）挖掘数据进行分析。得到了一些有趣的结论，这些结论揭示了社交金融中的三种效应。

第一，管道效应，如图 3-1 所示。即某些人充当借款人和放贷者之间的管道。这篇文章发现借款者 A 的线下关系紧密朋友 B，会充当其他人 C 向借款人 A 投标的金融管道。从借款人来看，借款人的好友，尤其是线下好友，乐于向自己的标的进行投标；从放贷人来看，更倾向于跟随线下好友的投标行为进行投标。

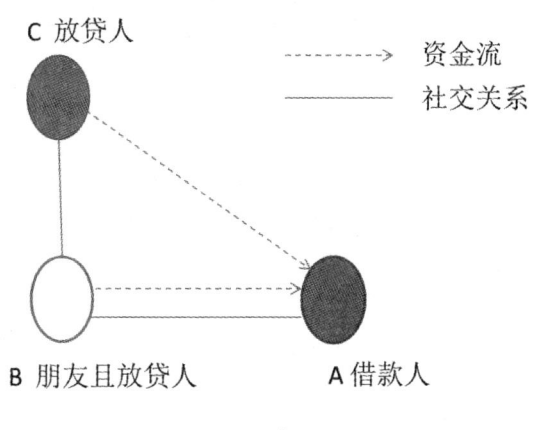

图 3-1　管道效应

第二，棱镜效应，如图 3-2 所示。即给好友投标的行为不仅不会增加其他陌生用户向该标的投标的可能，反而会因为这种朋友认可带来的"社交义务、情感偏差、共谋"的观念，从而有损于第三方用户的投标意愿。也就是说，朋友投标为其背书的棱镜效应，对随后其他人参与投标有负向影响。这里的棱镜效应，即 C 看到向 A 投标的都是 A 的朋友，那么 C 就怀疑 A 在"刷单"，C 便降低了向 A 投标的意愿。

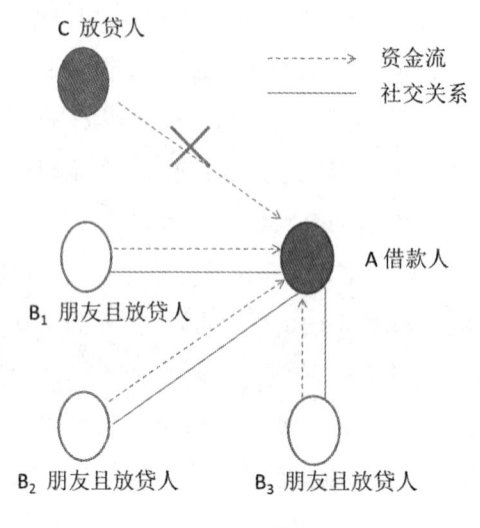

图 3-2　棱镜效应

第三，关系羊群效应，如图 3-3 所示。经济学中"羊群效应"，是指市场上存在那些没有形成自己预期或没有获得一手信息的投资者，他们将根据其他投资者的行为改变自己的行为。理论上，羊群效应会加剧市场波动，并成为领头羊行为能否成功的标志。关系羊群效应是指这种羊群效应是基于社交网络关系而产生和扩散的。当潜在放贷方的线下朋友，尤其是紧密的朋友投标时，"关系羊群"效应会发生，即潜在放贷方有可能跟随他们线下朋友

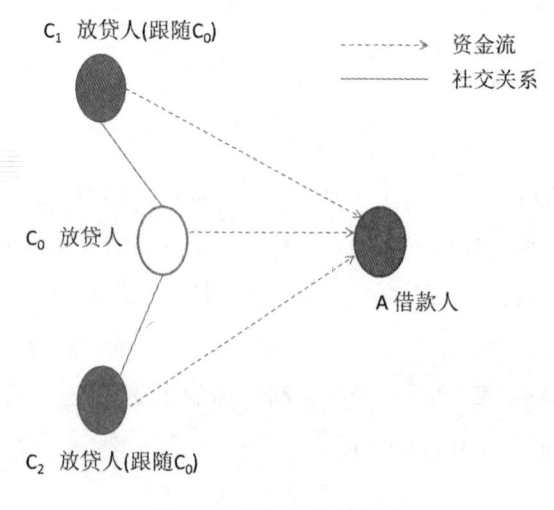

图 3-3　关系羊群效应

的投标。这里的关系羊群效应是指,当 C 面对经济决策的不确定时,他们可以跟随其他人(C_0)的行为,向 A 投标。

管道、棱镜、关系羊群效应依赖于已经建立起来的社交网络,该社交网络不仅需要一定的用户基数,这些用户之间也应建立起活跃的连接关系。这些用户之间可能不仅是线上关系,也有可能是线下相识的朋友。正是有了这些差异化的关系,管道、棱镜和关系羊群效应才能够发挥作用,才能体现出社交金融区别于其他金融模式的特点。

第二节 构建社交金融的三个步骤:个体+关系+目的

一、确定网络的个体,用户是谁

互联网最基本的功能和价值就是将信息、知识、网络用户联接在了一起。互联网将一切联接在一起时,也将一切变成了节点。百度联接的是人与信息,阿里巴巴联接的是人与商品,腾讯联接的是人与人。在这样复杂的社会网络中,节点被联接得越多,就越能成为网络的中心节点或重要节点。伴随着网络节点重要性和层级的提升,它对其他节点也会产生更重要的影响。

社交金融是基于社交网络提供的金融服务,作为社交网络中的个体,他们通常都有社交的需求,也有金融的需求。那么,在嵌入金融服务的社交网络中,网络中节点的结构属性是什么?节点的经济属性是什么?节点的社会属性是什么?

在现实的社交金融网络中,差异化的商业模式通常聚焦于特定的群体,为细分的用户进行服务。以下以学生、创业者、和兴趣爱好者作为网络的节点,进行举例说明。

1. 学生

在校大学生,通常没有任何自我经济来源和信用资质,因此是无法申请信用卡的。速溶360通过学生借款及还款情况，为其建立信用体系。高信用的学生，就能够得到金融交易的权力，而良好的交易行为，又能进一步提高信用，进而获得更大的金融交易权力。同时，速溶360还将用户信用情况，以信用指数形式与其他平台（如电商、求职、旅行等）进行对接、共享，为用户建立了一个基于互联网的信用脸谱。2014年1月份，速溶360与上海资信合作，成为了国内第一家输出学生信用的公司。

速溶360网站面向18~28岁阶段的在校大学生，通过同学之间、校友之间的金融借贷交易行为，形成速溶360"信用脸谱"，并在此基础上产生信用社交。

图 3-4　速溶360的身份认证方式

速溶360的安全性体现在：

第一，严格的前期审核。学生身份的审核需要视频、学生证、学籍、身份证、邮箱、手机等多重审核认证，如图3-4所示。

第二，贷款金额随身份调整。本科生、研究生以及信用级别不同的学生，得到的借款额度不同，在3000~5000元人民币区间以内。

第三，弹性的借款周期。对于大学生的借款周期通常是1~6个月，对于临近毕业的学生，借款周期则相应缩短。

速溶 360 的目标是将校友与信用社交进行对接，通过多渠道用户信息的挖掘和积累，向第三方机构输出其信用评价。使得学生具备信用等级，可以以较低的利率借款。

2. 创业者

当企业有融资需求时，通常会考虑向银行或民间进行借贷。个人有借钱需要的时候，朋友通常是第一选择。然而，朋友之间借钱常常会遇到不好意思开口、不知道找谁借、催还款尴尬、不方便谈利息之类的一些问题。

2015 年 4 月上线的社交借贷平台——借点儿，基于用户在社交网络中沉淀的信誉为基础，由借款人自主设定借款金额、借款期限、借款理由并主动向好友提供一定的利息回报。由出借人通过对借款项目的个人审核和对借款人的社交中信用进行自主评定，再根据个人能力提供借款，实现对朋友的帮助和闲置资金的安全增值。由于社交圈中的人更加了解借款人的真实情况，借点儿采用的是社交征信模式。借款人通过社交圈中朋友的证明获取借款，并将一部分有人情味的收益回馈给帮助自己的人；而出借人能够更加准确地判断借款人的还贷能力和还贷意愿，获取收益，为自己需要帮助时积累了信任。

金融的本质是对风险定价，让有知识的人去承担风险，获取利润。因为加入了社交元素，出借人对借款人才更加了解，借贷风险才更加可控。但是，即使是最可控的社交征信也不可能达到 100% 规避风险，所以，在整个借贷过程中，一旦出现账单逾期，借点儿会提供协助追偿服务；一旦出现坏账，会为用户免费提供具有法律效力的借款协议。

借点儿为朋友借贷带来的便利主要体现在：将熟人之间的借钱从线下转移到线上，解决了面对面借钱的尴尬；成熟社交链，为用户创造低成本借到资金的可能；社交网络众筹的方式分散了总额，降低了出借人压力，提升了借款成功率；借钱者自愿设置利息，解决了借钱双方介意的面子问题；通过社交网络改变借贷方式，改变年轻人与金融的关系。

3. 兴趣爱好者

近两年出境游火热，越来越多的人想来一次"说走就走的旅行"，但签证申请却非常复杂，需要诸如在职证明、户口本、身份证、个人信息表、公司营业执照副本复印件等，即使是委托旅行社办理，用户还是需要提交繁多的材料来证明自己的财力、信用水平，费时费力。

2015年6月4日，芝麻信用宣布将每年的6月6日定为"信用日"，并联合"阿里旅行·去啊"上线了"信用签证"服务。芝麻信用、阿里旅行和卢森堡大公国驻上海总领事馆达成合作，并正式签署了合作协议。使用芝麻信用在线申请卢森堡签证时，系统根据每个申请人的情况，相应减少用户需要提交的资产证明等资料。信用越高的申请人需要提交的资料越少，可少交的资料可能包括在职证明、收入证明、户口本、身份证复印件、机票酒店的付款凭证等。此外，阿里旅行还上线了新加坡"信用签证"服务。在"阿里旅行·去啊"的电子签平台，用户的芝麻分高于700分就可以申请新加坡签证，材料和流程大为简化。

二、构建个体之间的网络，关系如何建立

在社交网络中，如果节点之间没有传输信息，节点就仅仅是节点。当节点之间有信息传输时，两个节点便形成了关系。在社交金融网络中，当节点已经确定，那么节点之间的关系则是被关注的问题。节点与节点之间的联接是基于什么规则、机制建立的？是主动还是被动建立的？是单一的关系，还是多种关系混合？而关系类型的多样化，正是社交金融产品进行差异化构建的条件。

1. 熟人连接

相对于陌生人，已经维系很长时间的熟人关系往往更值得信赖，如基于朋友、校友、老乡、同事这种熟人关系建立的社交网络连接。

2015年5月，P2P平台厚泽贷推出了一款名为财金圈的理财产品。财金圈定位为熟人之间的资金借贷，所以，具有较强的社交属性。财金圈区别于市面上其它P2P理财产品，增加了社交风控、粉丝理财和大数据风控管理体系这三大特色。通过社交元素，投资人可以更多维度地获得信息，实现P2P从传统理财模式到社交金融模式的转变。

财金圈平台应用了厚泽贷自主研发的大数据处理系统，通过这套系统可以实现对借款人乃至投资理财产品的准确评估。在技术上，该系统以大数据

为基础，利用数学运算和统计学的模型进行分析，评估出理财项目甚至借款者的信用风险，更为全面的保障投资者的资金安全。除了大数据风控体系外，财金圈还采用中央财经大学科研团队开发的复合型风控技术进行信用分析和审核，形成了国内独树一帜的微贷风控体系。在财金圈平台，大数据模型将坏账率控制在2%以下，而高达13%的风险投资收益也为财金圈的风控提供了有力保障。

2. 兴趣连接

物以类聚，人以群分。人们往往因共同的兴趣而更有认同感，或者因为共同的兴趣参加某项活动而相识。如基于马拉松、户外登山、读书会等兴趣爱好建立社交网络关系，这种关系区别于熟人关系。在这些兴趣组织中，金融服务商往往能够开发出具有该群体特点的金融产品。

咕咚是一家移动端运动社交创业公司。2015年5月，咕咚携手兴业银行、中国银联共同在上海举行"动起来，就兑了"兴业银行"兴动力"银联信用卡上市以及国内首款可穿戴式移动支付解决方案新闻发布会。咕咚打破运动与金融界限，突破了普通可穿戴设备单纯记录运动数据、监测睡眠的传统模式，提供了一个新的移动手环支付解决方案。咕咚的运动支付手环解决方案，是包含可穿戴式设备、手机APP、云端数据共享、运动云平台等在内的一揽子解决方案。在这个解决方案下，运动者不仅能监测运动数据、睡眠质量，通过NFC（近距离无线通讯技术）进行非接支付，还可以通过咕咚的APP，对"兴动力"卡进行空中开卡、查询、圈存等账户管理。只要下载一个咕咚APP，外出运动时只需一个支付手环，无论是在商场、地铁站、便利店里，都可以在带有"闪付（Quick Pass）"标识的受理终端上轻松支付。"兴动力"信用卡，则是通过云端数据共享，首创卡路里兑换信用卡积分模式。咕咚与兴业银行的这一跨界合作，打破了传统信用卡消费才能计积分的游戏规则，持卡人只需打开咕咚APP，记录运动时消耗的卡路里，通过咕咚与兴业银行的云端数据共享，按照"1大卡=1信用卡积分"的标准就可以将卡路里兑换成信用卡积分，这个积分可在信用卡商城中使用。

3. 地理连接

随着移动互联网的快速发展，移动设备的大量应用和LBS（基于位置的服务，Location-based service）技术的发展，在电子商务、O2O、社交网络等领域都产生了基于位置服务的创新商业模式。基于地理位置，平台可以为用户推送更精准的服务，平台上的用户也得以建立基于空间的连接。

2015年4月1日，支付宝向外发布了一套名为"到位"的大数据系统。用户可以在"到位"系统中发布各种个性化需求，并设置一定金额，系统经过大数据运算和精准匹配，为其找到最适合响应需求的人。结合手机的LBS功能，"到位"会快速使供需双方找到彼此，促成交易。"到位"功能的实现，归功于软件背后的数据模型。通过对芝麻信用、消费习惯、行为模式、社会评价统计等的分析建模，并结合RCT（现实连接技术，Reality Connection Technology）技术，"到位"会计算出最适合、最有意愿来帮助用户的人是谁，位置在哪里，并促使双方达成交易。一个典型的场景是：当游客想找一个地方寄存行李，只需要向"到位"发出这一需求，并设置自定义的寄存托管费。接着，"到位"在其周围的人群中搜索，找出一个信用良好、曾经完成过此类任务并被点赞的热心人。对方响应需求后，手机便会通过实时的实景导航，引导双方会面并解决需求。

三、实现金融目的，四种定位的交叉组合

金融服务的目的就是创造收益，实现金融目的是最后一步，也是检验社交金融模式是否成功的关键。在前两步已经构建好的社交金融网络上，通过网络的内在自组织机制来实现金融的目的。

通过对社交金融现有模式的研究，社交金融产品社交化的目的主要包括四个方面。这四个方面往往混合交叉使用，以更好的释放社交金融模式的价值。

第一，嵌入社交网络，进行金融产品的社会化营销。社交网络对于商业的贡献莫过于带来社会化营销的空前繁荣。社交网络以前所未有的方式促进着服务、产品和使用者之间的关系。社交网络的出现使服务、产品与使用者之间的沟通变得更高效、廉价、便捷，从而帮助企业了解用户需求，提升产品和服务的质量。用户之间通过彼此关注，只需将自己喜欢的金融产品分享在社交网络中，就很容易引起其他具有相似兴趣的用户产生投资意愿。同时，

更多投资达人在社交网站中充当意见领袖的角色,进一步影响其他用户的投资意愿。基于关系的信息分享与推荐提高了金融产品的针对性、有用性,并使得通过好友所分享的金融产品,可以帮助用户过滤冗余信息,从而使这种推荐变得更有价值。在分享和点赞之外,对于某件产品或服务,社交网络中的用户还可以互动和评论。从社交网络好友那里搜寻和发送意见,使得整个金融产品购买经历嵌入在社交网络之中。从商家角度而言,用户和好友之间针对某件产品或服务的评论互动,使得该用户成为了一名"产品推销员"。

第二,搭建社交投资平台,为用户提供投资组合。社交平台普及后,用户在网上获取新闻资讯的渠道从单一的新闻资讯媒体转变成以新闻资讯媒体为主体、社交平台并存的格局。在互联网金融发展的浪潮下,社交投资平台悄然兴起。创业公司、门户网站、电商平台、投资社区等纷纷推出相关产品。在金融领域,社交投资平台已成为重要的信息传播渠道,企业、经纪人、分析师使用社交投资平台来发布实时信息、分享分析投资理念。社交投资平台汇集了专业的分析,并提供多种话题板块给用户选择。通过社交投资平台了解市场动向、讨论热门话题已俨然成为许多投资者重要的生活与工作方式。典型的社交投资平台有雪球、金贝塔、京东财迷等。

第三,基于社交网络关系构建信任,为特定人群提供关系金融服务。社交网络建立的基础是依赖于成员之间的关系,这种关系有亲缘、学缘、地缘等。基于亲缘关系的社交金融服务(如熟人借贷等),基于学缘关系的社交金融服务(如校友借贷等),基于地缘关系的社交金融服务(如商帮借贷等)。如成立于2013年的利融网,主要针对高学历人群提供信用融资服务,解决高校大学生和毕业生的生活消费、自我增值需求。同时,利融网还为投资者提供门槛较低、操作便捷、收益稳健的理财产品。利融网建立了"六度风控模型",开发了债权转让系统,针对名校大学生分期消费提供了标准解决方案,通过科学、规范的信贷审核流程和严格的违约机制,保障了高学历人群网络投资的安全性、收益性、流动性和规范性。

第四,对接吃、住、行、游、购、娱,融入人们的消费生活。传统消费金融是指向各阶层消费者提供消费贷款的现代金融服务方式。在互联网金融时代的今天,各类的消费场景被接入到了消费金融之中。

例如，微信金融包括微信支付、基金、O2O、众筹等四大类金融产品。其中微信支付还包括了信用卡还款、AA收款、转帐、刷卡、钱包（小额快捷支付）等五项基础金融业务。微信的基金产品即理财通，这个平台包括广发、易方达、华夏、汇添富四种货币基金产品以及"民生加银理财月度"的定期理财产品。微信O2O包括充Q币、打车、京东、吃喝玩乐（大众点评）、电影票、机票和充话费等七种产品。微信众筹包括彩票和腾讯公益两种产品。这些产品无不与人们的日常生活息息相关，对接的是人们吃住行游购娱等日常消费。

第三节　社交金融的商业模式：金融＋社交（X）

一、社交＋金融：微信的金融模式

微信成立于2010年10月，微信红包是基于腾讯系的社交网络工具微信和第三方支付平台财付通的创新。微信红包的产品总监是弓晨，微信创始人张小龙并没有直接参与到该产品的细节研发。2013年11月，一次基础产品中心的头脑风暴中，弓晨和他的团队成员想到了可以在虚拟世界搭建一个让红包在微信好友之间传播的应用系统，在2014年春节时推出以吸引普通用户使用，增加微信支付的用户数量。

如果说微信为微信红包提供了巨大的社交用户群，而财付通则为微信红包提供了强大的支付系统。作为腾讯旗下的第三方支付公司，财付通为"微信支付"提供了全部幕后支持，也是"新年红包"活动的发起方与技术支持方。一个约十人的团队自2014年1月10日开始写代码，2014年1月25日，微信红包正式公测。最先接触微信红包功能的一群人，包括财付通的员工、广研微信团队员工以及一些银行的技术人员。在这个团队里，大家的任务就是玩"发红包"和"抢红包"的游戏，发现问题并根据测试反馈不断改进和优化。

发红包是中国人过年的传统习俗，抢红包也就成了融合支付属性与社交属性的最佳方式。微信红包基于微信庞大用户及其社交关系，这种社交性使得人人都是主动传播者，每一次发红包都可以传播到更多人。春节期间，用户在抢红包时的惊喜、懊恼、炫耀、期待等各种情绪被激发出来，而这种情感又通过朋友圈和微信群得到了扩散。

2015年2月12日，微信团队在其官方公众号上发出声明，称有用户利用网上各种"抢红包神器"在微信内刷红包，违反了其运营规则，是不正当的手段。该声明恰好表明微信之意不在发红包，而是在于激发用户参与。微信红包的目的是通过社交网络扩散的方式，促使消费者开通微信支付功能。因为想要发红包或收红包，必须关联银行卡到微信，这看似小小的一步如果通过传统的广告营销不仅将会花费巨额费用，而且，也未必能收到成效。然而，用户收到红包后，却会有很大的动机去开通微信支付。这种方式使用户在自娱自乐的同时，不知不觉的将银行卡绑定了微信支付，成为了微信支付的用户。

二、金融 + 社交：支付宝的社交模式

2015年初，支付宝钱包进行了一次产品升级，在"探索"的入口中增加了"我的朋友"功能。以往，在支付宝钱包里朋友间必须通过转账"捎句话"才能传输文字消息，而通过新版中的"我的朋友"，好友间不需要转账也可以对话了。这一动作的背后，是阿里巴巴对社交的认知发生了变化。这次将即时通讯（IM）和社交（SNS）作为支付宝钱包这个金融类产品的辅助功能，是为了提高支付宝钱包的黏性和活跃度，新版中加入的新年红包是相同的道理。虽然很少有人会将一个有着强工具属性的支付产品作为主要的聊天和社交工具，但却可以在使用金融服务的过程中把一些有意思的服务、产品和活动转发给朋友。显然，支付宝钱包已经意识到社交金融的重要性了。

从产品形态上看来，以往金融和社交的结合点大概有两条道路：一种是金融类社交网络，这类往往是以某种用户需求为起点构建社区，炒股

论坛、理财和炒股 APP（包括雪球）都可以归类到这一范畴；支付宝钱包是另一种思路：以支付工具产品为起点，以社交为增值服务工具。2015年7月，支付宝发布了最新的9.0版本，原先的"支付宝"与"支付宝钱包"合二为一成为新的"支付宝"，并启用蓝底白字的全新标识。此外，支付宝新版本还增加了亲情账户、借条、群账户、余额宝买股票等一系列生活和沟通功能。

相比微信"社交 + 金融"的模式，新支付宝的模式更偏向于"金融 + 社交"，即在金融需求的基础上加入社交元素。以群功能为例，微信群对群类型并没有划分而且只要是好友就可以加入，但是，支付宝除了有"普通群"之外还有"特色群"，包括"经费群"、"吃货群"、"活动群"和"娱乐群"四种群（其中，"经费群"必须先缴费才能进入）。显然，支付宝在对用户群的理解上比微信更进了一步。"经费群"功能可以让一个班级的学生建立班费群，每个同学必须在入群时缴纳班费，群账户的每一笔收入与支出都有详细记录并对所有成员可见。群账户还将支持理财，使集体的经费增值。"吃货群"则会生成一个群付款码，每次吃饭结账后出示群付款码就可以自动对每个参与聚餐的人进行 AA 付款，在吃饭之前还可以将餐厅的相关信息分享至群，讨论与选择大家都认可的餐厅。

支付宝的另一项值得关注的新功能是"借条"，它让朋友间借钱时可以打一张电子借条约定借款的金额、期限与利息，到期后支付宝系统会自动提醒还款，如果出现逾期不还款的情况，系统甚至可以自动扣款。

三、X+ 金融：跨界的混合模式

无论是"互联网 +"，还是"+ 互联网"，跨界是互联网界永恒的主题。自从互联网成为金融业的重要发展方向后，各种原来主业与金融相去甚远的公司都纷纷向互联网金融方向靠拢。一大批来自于非金融公司的社交金融产品上线（如链家地产推出的"链家理财"、凤凰卫视推出的"凤凰金融"等），甚至婚恋网站都开始试水线上理财业务。

1. 地产 + 金融

2013 年，银行银根收紧，北京二手房按揭贷款额度严重不足。买房客户在银行批贷之后迟迟等不到放款。买房款给不到卖家，买家就面临着违约风险，链家网的垫资服务就是在这样的市场需求中产生。卖家在卖房时，也有可能欠着银行贷款，需要结清贷款、解除抵押才能顺利出售。而卖家大都是因为需要资金才会卖房，根本无力一次还清贷款，链家网的赎楼业务则会帮助解决这个问题。

北京的二手房交易，链家网成交占比超过 50%，每月会成交 8000 单。而据链家网统计，借款需求高达成交量的 1/3，需求量非常大。于是，链家网就开始了线下的垫资服务。一开始链家网是用自己的钱做，最高投入了 25 个亿。随着 P2P 网贷的发展，链家理财逐步上线。链家理财有其独到的运营模式：线上对接有投资理财需求的投资人，线下对接在链家办理购房业务的业主，满足其房屋买卖过程中产生的借款需求。链家理财经过对借款人的实地考察、征信、初步信用评估及贷后管理等工作，不介入具体交易环节，只提供网络借贷交易信息服务。

链家理财的主要产品类型有：

其一，新房宝。该产品是与开发商共同打造的理财产品。当买房客户已经筹集好买房资金，但还没有看好想购买的新房，就可以将资金先放在新房宝进行投资理财。一旦确定想要购买的楼盘，就可以拿钱去订购新房。链家理财已经与北京的七八十家开发商开展了合作。一方面帮助开发商锁定客源，客户可以得到一定的折扣；另一方面，客户可以获得类似余额宝的固定收益，还可以得到开发商的补贴。

其二，再按揭业务。在中国，二手房资金利用率非常低。而在美国，80% 的按揭贷款都属于再按揭，即将原有的贷款还掉之后，再借一笔新的。不断更新产生新的信贷产品，可以解决新的金融需求。链家理财将其称为"贷款搬家"，在这个过程中，可以赚取一定的服务费用，甚至利息差额。

其三，其他。包括围绕租房、装修等产生的消费贷款、对房屋租赁数据进行开发所产生的金融产品、以及正在准备申请的征信牌照等。

2. 媒体 + 金融

继银行系、上市公司系、国家队系等一系列派别之后，互联网金融的江湖里又有一类参与者，那就是媒体系。凤凰金融是凤凰卫视集团内部孵化出的独立子公司,是一个集 P2P 借贷和产品众筹为一体的金融平台,凤凰卫视集团是其股东。2016 年 1 月 29 日,凤凰金融平台总成交金额突破 100 亿元,短短一年的时间,便迈入互联网金融行业"100 亿俱乐部"。

在 P2P 平台上借款的企业,最主要的需求是融资需求。但企业在经营过程中仍然会遇到很多实际的问题,比如产品的宣传推广、产品销售等,于是,凤凰金融希望通过众筹帮助企业进行品牌推广、市场调研、产品预售等。而在投资人这一端,一方面,他们除了获得投资收益之外还可以获得更优惠的众筹权益;另一方面,希望通过众筹增加投资人在凤凰金融平台上的黏性和参与性。

凤凰金融搭建了一个"一边是 P2P、一边是众筹"的双平台模式。P2P 指的是理理财平台,众筹指的是爱众筹平台,如图 3-5 所示。

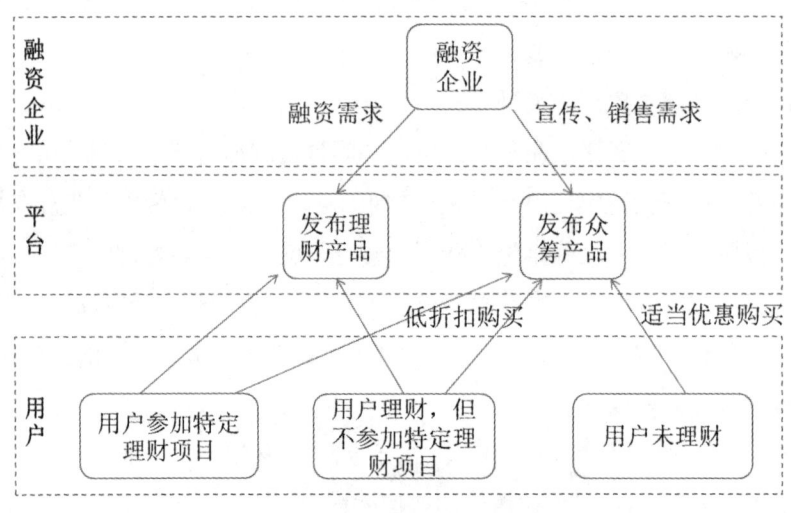

图 3-5 凤凰金融的服务模式

理理财平台上有两大类资产:企业贷和个人贷。在企业贷(凤保宝)部分,凤凰金融与融资性担保公司合作,由担保公司开发公司债权、负责项目风控、进行本息担保。对于凤凰这样一个优势都集中在线上的平台来说,这种模式使其暂时可以避其短处:不必在线下布点,不必维持高水平的风险准备金,不与现有金融巨头正面冲突,市场扩张也可通过与当地线下金融体系直接对接而实现。

爱众筹平台提供的是回报型众筹项目，并将众筹与 P2P 平台打通。在资产端，在理理财上线融资项目的企业可以优先获得以预售、宣传推广等众筹服务，其定位是融资企业的增值服务。在用户端，投资了特定企业的用户可以享受其所投企业的众筹项目权益，如以更低的价格购买产品。其次，爱众筹所上线的项目是针对凤凰金融目标用户需求而筛选的，以影视文娱产品、汽车、旅游等类型为主，未来还会上线房产项目，基于的原则是项目是否契合凤凰目标用户群体需求。

3. 婚恋 + 金融

在婚恋市场格局已经形成并较为稳定的情况下，如何将高质量的客户数据转化为可以开发的"金牛"，留住已经解决婚恋需求的老用户，吸引新用户，减少用户流失是婚恋网站亟待解决的问题。而互联网金融作为一个新兴领域发展迅猛，具有成本低、效率高、覆盖广的特点，这与婚恋网站延伸婚恋产品，留住用户，增加变现渠道的需求有着很大关联。

世纪佳缘是一家国内在线婚恋交友网站。佳缘金融是世纪佳缘建立并运营的金融信息中介平台，致力于为投资者提供安全、透明、便捷、低门槛、高收益的理财服务。互联网金融业务可以为世纪佳缘的现有业务提供支持，体现在三个方面：

第一，婚恋网站的低用户黏性可通过理财产品改善。婚恋服务的特殊性在于用户带有强烈的目的性，就是奔着找对象而来。目的一旦达成就会离开，因此，用户黏性是婚恋网站最为关注的问题。理财产品具有一定的周期性，一般都在一年以上，在某种程度上增加了用户黏性。

第二，我国互联网用户对于信息消费尚未形成付费习惯，婚恋网站提供的就是特殊的信息服务。目前婚恋网站都是付费服务，但是国内用户付费习惯几乎都没有养成，加入理财服务提高了婚恋服务的高附加值。在世纪佳缘和理财团的合作中，就采取了这样的方式：用户购买理财产品，免除世纪佳缘服务费。

第三，扩大婚恋网站的业务增长点。线上婚恋市场已经趋于稳定，盈利水平和未来市场前景都比较明朗，想要扩大规模很难实现。参与互联网金融业务，也是尝试寻找新的业务增长点。同时，互联网金融平台也存在类似的发展瓶颈，同质化竞争严重。婚恋网站具有用户资源实名制的优势，还有工作类型、收入等更具体的信息资料，这些资料有利于社交金融的开展。

4. 搜索 + 金融

融360成立于2011年10月，定位为金融领域的"百度"，上游汇集数百家银行及其贷款产品，下游对接用户，帮用户快速找到适合、低成本的信贷产品。融360是专注于金融领域的智能搜索平台，为小微企业、个人消费者、个体户提供专业的贷款、信用卡及理财在线搜索和申请服务，目前已合作近一万名信贷员，涵盖30000款金融产品，覆盖一百多个大中城市。融360平台上的金融产品来自国有银行、股份制银行、外资银行、城市商业银行、小额贷款公司、担保公司、典当行等国家认可的金融机构。

大数据征信最大的困难就是数据的全面性，如阿里积累的数据主要取自余额宝、支付宝、淘宝的电商数据，腾讯则主要是社交数据。高端人群中可能用支付宝的比例并不大，就这部分人群的信用数据，银行和传统金融机构的积累更有说服力。各家数据是一个相互补充、相互印证的关系，单靠某一方面的数据就会出现偏颇。2015年6月，融360宣布同芝麻信用、腾讯征信等7家征信机构达成合作，进行数据上的互补。同时，也已经同全球最大征信机构Experian建立了合作，使用其数据模型和方法论。融360同这些征信机构合作的目的是数据互补，从而实现更完善的信用评估和风控结果。由大数据支撑的信用和风控，可以破解普通用户（如自由职业者、个体户、小微企业主、学生等人群）没有征信纪录的困局，使其在线借贷变得更为容易。

第四章
社交化的众筹——基于关系网络的资金融通

众筹是一种依靠大众力量的低门槛融资模式,如债权众筹、股权众筹、回报众筹和捐赠众筹等。但随着社交网络平台的发展,很多众筹也逐渐呈现出社交化的确实,利用好社交关系网络对众筹成败至关重要。

本章导读

社交驱动的众筹
项目众筹
股权众筹

第一节　社交驱动的众筹

一、众筹的源起：美国还是中国

2015年10月24日，首届世界众筹大会在贵阳开幕。在开幕式上，时任中国人民银行金融研究所所长的姚余栋指出，众筹最早源于中国南北朝时代，早于目前业界认为始于美国纽约自由女神像工程安装一千余年。姚余栋认为晚唐诗人杜牧的"南朝四百八十寺，多少楼台烟雨中"，说的就是南北朝时，庙宇大多是通过众筹的方式建造而成的。

随着互联网的发展，网络众筹逐渐兴起，解决了部分项目因为规模太小无法获得风投等机构投资的困境。网络众筹不以出身论英雄，将背景迥异的开发者和产品放到公众面前，只要创意够好、可行性高，就有机会获得大众的资金援助。随着社交网络的发展，第三方众筹平台纷纷与社交网络工具打通用户账号系统。用户可以通过社交网络账号直接登录众筹平台，甚至有些众筹平台直接是基于社交网络开发的（如轻松筹）。这种基于社交网络开展网络众筹服务的方式，称之为社交化的众筹，简称社交众筹。

社交众筹真正成为一种模式是在 Kickstarter 出现之后。Kickstarter 是一个创意方案的众筹平台，于 2009 年 4 月在美国纽约成立。在 Kickstarter 网站上，任何人都可以向某个项目捐赠指定数目的资金，网站则收取较低的佣金。比如，某文艺女青年希望创作一部漫画，初始启动费用（创作和宣传）预计需要 1500 美元，因此，她在 Kickstarter 网站上发布了项目简介，希望有人能够提供小额捐款。捐款者根据捐款数额的不同获得回报：捐 5 美元可以得到一册带有作者签名的漫画书，捐 100 美元可以得到一个带有以漫画故事中主人公为饰物的包。当然，只有收到的捐款超过 1500 美元，即众筹够足够资金后她的许诺才会兑现。后来，通过 Kickstarter 网站，她在很短的时间里就拥有了这笔启动资金。

自从 2014 年 3 月融资总额突破 10 亿美元以来，Kickstarter 平台上平均每小时就有 9 个项目诞生，平均每分钟获得融资 1200 美元。该公司完成第一个 10 亿美元众筹用了将近五年时间，而第二个 10 亿美元则只耗时 19 个月。截至 2015 年 10 月 11 日，Kickstarter 平台上的所有项目融资总额已经超过二十亿美元。在该平台参与众筹项目总人数达到九百五十万左右，其中有 300 万人同时投资了 2 到 5 个项目，大约一百七十万人 Kickstarter 项目投资超过一亿五千万美元。

点名时间被称为"中国的 Kickstarter"，成立于 2011 年 5 月，是一家有中国特色的众筹网站，是一个发起和支持创意项目的平台。如果有一个创意的想法，无论是新颖的产品，独立电影还是创意设计，都可以在点名时间的平台上发起项目，向公众推广，从而得到资金的支持去完成想法。

2013 年，我国进入网络众筹元年，出现了股权众筹、权益众筹、公益众筹等多种模式。世界银行预测到 2025 年，全球发展中国家的众筹投资将达到 960 亿美元，中国有望达到 460 亿~500 亿美元。如图 4-1 所示。

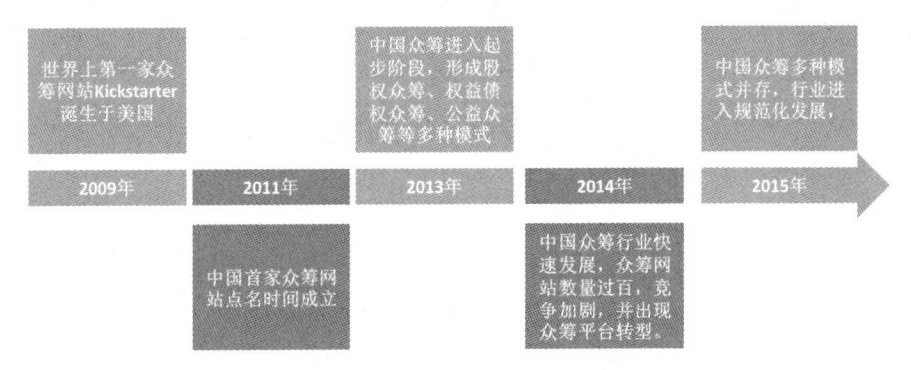

第四章　社交化的众筹——基于关系网络的资金融通

图 4-1　众筹行业发展历程

二、众筹的类别：购买与投资

2014年伊始，滴滴打车和快的打车两个同类软件补贴用户的烧钱营销之战，成为街谈巷议的重要话题。滴滴打车这款风靡全国的打车软件，最初融资就是通过众筹实现的。滴滴打车通过名为"天使汇"的天使投资众筹网站于2012年筹集了1500万元起步资金，并于同年9月上线。滴滴打车获得投资的模式，是众筹四类模式之一的股权众筹。

众筹是近年来起源于美国的一种依靠大众力量的低门槛融资模式。众筹主要包括以下四种模式，如图4-2所示。

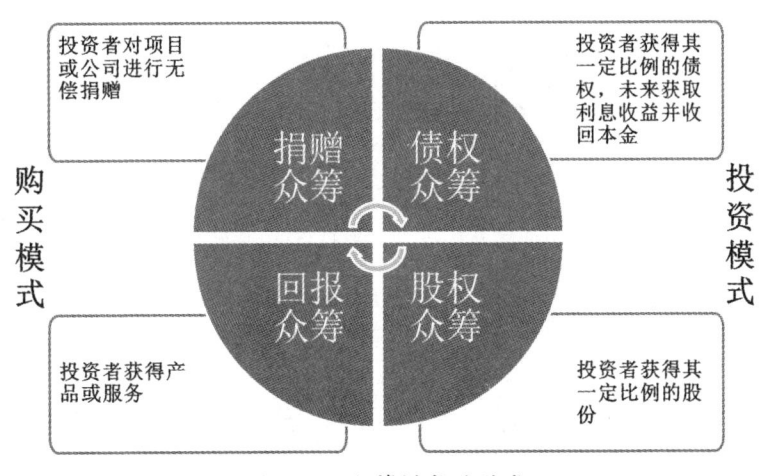

图 4-2　众筹模式的种类

第一，债权众筹（Lending-based crowd-funding）：我资助你，你还我本金和利息。投资者对项目或公司进行投资，获得其一定比例的债权，未来获取利息收益并收回本金。通常来说，这样的收益率是要低于股权众筹的，但是风险也更低。另一方面，很多债权众筹网站包含某种形式的安全条款，在借款人无力还款的情况仍能给投资人以保障。这些选择是股权众筹投资者所没有的。

第二，股权众筹（Equity-based crowd-funding）：我资助你，你给我公司股份。投资者对项目或公司进行投资，获得其一定比例的股权。作为VC（venture capital，风险投资）、天使投资的一种补充，它是对小微企业的重要扶持手段，是创业者热衷的筹资方式。这种融资形式是通过互联网渠道来完成，资金需求方将项目介绍发布在众筹网站上，通过路演、展示等方式向平台的投资者介绍项目内容，最后由投资人申请认购。

第三，回报众筹（Reward-based crowd-funding）：我资助你，你给我产品或服务作为回报，如图4-3所示。投资者对项目或公司进行投资，获得产品或服务。成立于2001年面向音乐界的艺术家及其粉丝的ArtistShare，就是这一模式的首个践行者。ArtistShare为艺术家提供了培养粉丝基地，通过上传艺术制作过程，成功地将粉丝带入艺术的创作过程中。在ArtistShare成立以后，其第一个项目——Maria Schneider的《Concert in the Garden》在

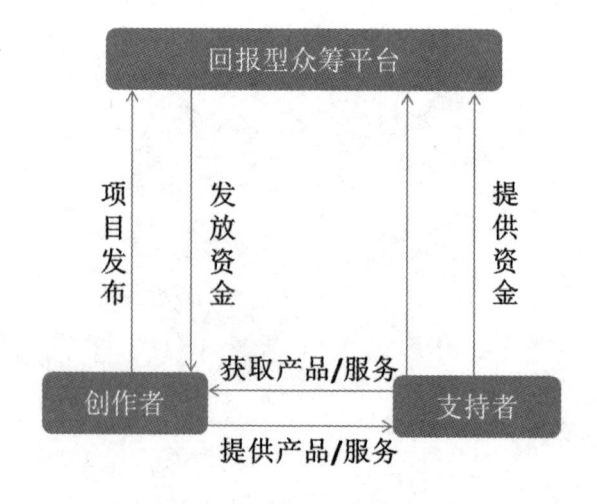

图4-3 回报众筹的模式

2005年赢得格莱美奖，成为首张不通过零售销售而获奖的专辑。从最开始为音乐行业服务到现在，ArtistShare已将平台服务对象扩展到各类艺术家如作家、摄影师、制片人等。

第四，捐赠众筹（Donate-based crowd-funding）：我资助你，不求回报。投资者对项目或公司进行无偿捐赠。中国的红十字会就是此类众筹的雏形。捐赠众筹不止面向公益事业，还可以通过平台实现或帮助别人实现美好的愿望。

三、众筹的商业模式：辛迪加模式

众筹的主要参与者有三类：发起人（有创造力但缺乏启动资金的人群），支持者（对筹资项目有兴趣并有能力进行资金支持的人群），筹资平台（发起人和支持者的网络桥梁），如图4-4所示。

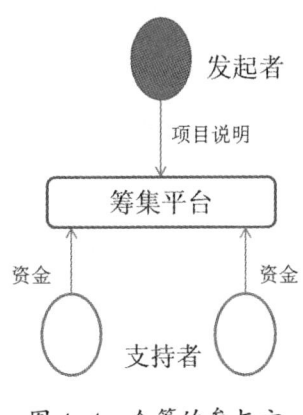

图 4-4 众筹的参与方

众筹网站的收入源于自身提供的服务，绝大部分众筹平台实行单向收费，只对筹资人收费，不对投资人收费。平台的盈利来源分为三个部分：交易手续费、增值服务收费、流量导入与营销费用。交易手续费一般按照筹资金额的特定比例来收取，普遍是成功融资总额的5%左右。Kickstarter在2012年2月份公布的数据显示，当月通过Kickstarter平台募集的资金为1158万美元，其手续费收入接近六十万美元。增值服务主要指合同、文书、法律、财务等方面的指导工作，创业者可以将融资的所有事项都外包给众筹平台处理，而众筹平台会收取相应的费用。

众筹平台的第三项收入则是流量导入，包括合作营销，广告分成之类，如图4-5所示。

随着众筹平台向着商品众筹和股权众筹专业方向的不断分化，众筹平台的收入来源也在调整。基于商品众筹平台巨大的受众群体和传播影响，营销和生产合作所带来的商业利润会有很大的增长空间，甚至可能会超过目前主要的交易提成。股权类众筹平台则是会更大程度地参与到资本的运作当中，专业化的服务可能会成为其主要收入来源。

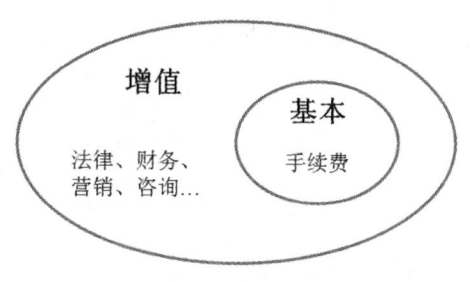

图 4-5 "基本 + 增值" 的收费模式

国内天使众筹平台"天使汇"的盈利模式就是"基本服务免费+增值服务收费"。主要包括：一是为企业提供融资服务，融资成功后收取财务顾问费用，大约为融资额的5%；二是提供信息化软件服务，如公司治理软件等，收取较低的服务费用；三是提供增值服务和高级服务，联合第三方机构为企业提供更多服务，如法律服务、财务服务等。

以上是对众筹平台商业模式的探讨，从投资者视角来看，如何进行投资决策则是参与众筹的关键。在众筹项目投资决策中，"领投 + 跟投"的模式最为多见，这种模式又称"辛迪加模式"（Syndicat），如图4-6所示。

辛迪加模式，是由多个风险投资者共同对一个项目进行投资的联合投资模式。采用辛迪加投资可降低投资风险，由多个投资者参与而产生的风险分散效应。如果风险投资项目失败，投资损失将由所有参与辛迪加投资的投资者共同承担。每个辛迪加通常包括一个领投者（个人或公司）以及一个或多个跟随投资者。领投者发挥其专业领域的技能，相应的承担着对于投资项目的考察监管工作，也减少了跟随投资者的相对风险。

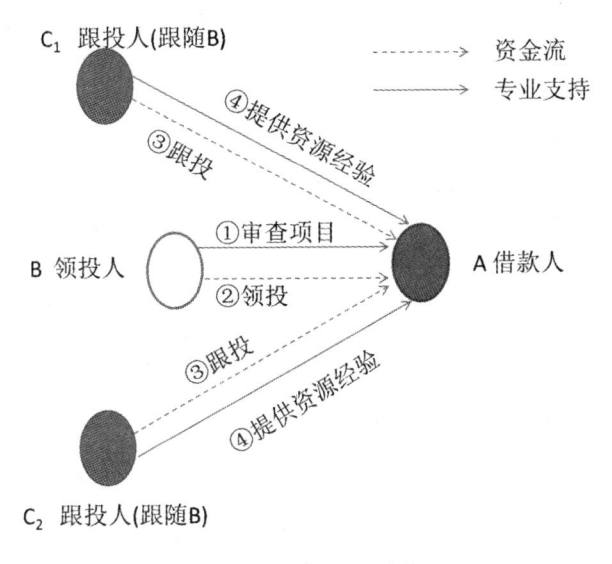

图 4-6 辛迪加模式

领投人作为投资群体的关键节点,在辛迪加模式模式中起到了重要作用。

领投人机制是指在少数对项目所在领域有相对丰富经验的投资人指导和带领下,多名跟投人一同对企业进行投资的模式。众多知名投资人参与众筹,除了可以有效减小普通投资者面临的投资风险和信息不对称,帮助参与者克服专业性造成的门槛,还可能帮助创业项目获得除资金以外更多的行业资源、管理经验等附加值。

第一,背书与传播。领头人相当于为众筹企业进行了背书,说明这个企业是值得投资的、是靠谱的。通常选择众筹筹资的企业都是处于起步阶段,名不见经传,风险高,公信力低,当知名领头人的投资后,会增强其他跟随者的信心。

第二,资源与经验。领头人不仅带来了资金,而且能带来人脉、管理指导等很多宝贵资源。众筹与传统创投的一大创新之处在于它的领投人机制,即少数对项目领域有相对丰富经验的投资人带领多名跟投人一同对企业进行投资,在跟投的过程中投资人与领投人共享经验。

2013 年 10 月 31 日,《中国天使众筹领投人规则》由天使汇和其他天使投资组织在北京国际金博会共同发布。《中国天使众筹领投人规则》规定了投融资过程中领投人应尽的责任和义务，明确了天使众筹的基本流程。领投人须半年内投资过项目，最近一个月约谈过项目，一年领投项目不超过五个，至少有一个项目退出，专业协助项目确定估值、进行路演，完成该轮跟投融资等。《中国天使众筹领投人规则》解决了在天使众筹过程中创业企业和投资人之间的多对多关系所带来的复杂沟通成本，进一步促进中国天使投资领域走上正规化、标准化，让投资人和创业者双方均能从中受益。

四、众筹的社交基因：基于微信的轻松筹

众筹的初衷便是通过众人的力量帮助一个人实现自己的愿望，而这种属性与社交场景是天然契合的。此外，社交众筹平台上的项目有非常好的示范作用，发起人通常可以通过一个众筹项目聚集一群有着相似需求和爱好的人。项目一旦成功，类似项目在这个群体中会有很好的复制性。

社交网络这个元素在众筹领域里越来越受到重视，社交网络的影响不只表现在信息传播上，还表现为实际交易行为中的"跟风投资"，这一特点在互联网时代更加突出。如果一个投资项目能够在较短时间内迅速增长，很快便就会有大量的跟风投资者加入。很多众筹平台都在降低项目发布的门槛，并向轻量化和社交化的方向迁移。比如，美国 Indiegogo 公司发布了 Indiegogo Life 页面，允许个人用户发起众筹。Indiegogo 简化了发布流程、并鼓励用户将众筹页面分享在自己的社交圈里。

《大连接：社会网络是如何形成的以及对人类现实行为的影响》一书中，讲到相距三度之内是强连接，三度即我的朋友、朋友的朋友、朋友的朋友的朋友，强连接可以引发行为；相距超过三度是弱连接，弱连接只能传递信息。因此，如何利用强连接和弱连接去完成众筹需求，是众筹产品必须要面对的问题。利用好社交关系网络对众筹成败至关重要。

"众筹空间"是 2014 年 8 月上线的一个社交众筹平台，发起人面向自己的社交圈（如微信、微博、QQ、通讯录等）发起众筹项目。上线之初，众筹空间的产品体系被划分为三个部分：基于社交网络、面向广大网民日常生活内容的"轻松筹"；以独立网站运营，针对商业市场的品牌众筹平台；基于可靠技术的回报管理系统。经过了 4 个月的运营后，众筹空间更名为"轻

松筹",开始专注做社交众筹。用户关注并绑定"轻松筹"公众号,随后当用户发起众筹,众筹项目就会被分享到朋友圈里,感兴趣的朋友就可以自发的选择支持项目,也可以对该项目进行二次分享,扩大传播范围。

基于微信社交网络提供众筹服务的轻松筹,具有以下特点:

第一,推出"刷脸支付"功能。一方面,部分轻松筹的用户年龄偏大,往往没有网上支付工具;另一方面,选择支持往往是一时冲动,在那个时间点上如果支付遇到问题,很可能会使这次支付失败。因此,刷脸功能允许支持者先打个白条,随后在线上或线下(针对没有线上支付工具的人)完成支付后,发起人便可以撕毁白条。

第二,对加V项目进行先行赔付。因为是依托朋友圈的众筹,所以,轻松筹是建立在朋友间的信任关系基础上的,平台并不对项目进行审核。为了提高项目的可靠度,轻松筹已经向合作伙伴开放了"加V申请"通道。如果用户支持了通过考核的"加V发起人"所发起的项目,项目如果出现诈骗等情况,用户就可以获得平台的先行赔付。

第三,开发不同模板。轻松筹面向的是大量小型组织、团体和个人,而这些人往往缺乏排版展示、推广等方面的意识。而好的模板能把某个类型的项目所需要注意的要点都模块化,大大降低用户发起众筹的门槛。目前,平台上的模板涉及预售类、爱心捐助、聚会、开店、随份子等热门众筹类型。当然,轻松筹还会根据项目的热门程度继续按需开发。

第四,做开放平台。轻松筹支持合作伙伴免费接入自己的平台。合作伙伴可以在轻松筹的平台上开发自己的子站,并由轻松筹来做用户管理和财务系统管理。轻松筹保留了合作伙伴的品牌和风格,用户在使用中不会明显感觉到轻松筹的存在。通过平台开放,轻松筹平台沉淀了大量的数据。在合作伙伴授权的前提下,可以对数据进行分析和价值开发。轻松筹已经开始使用数据分析技术,为合作伙伴提供精准营销的支持。

第二节　项目众筹

一、梦想众筹：追梦网和梦想帮

2014年，一栏名为《众筹梦想》的创业真人秀节目在北京电视台财经频道播出，该栏目以以京东众筹平台的智能硬件、文化公益、艺术美学等项目为节目案例蓝本，每期40分钟左右的节目中，有4个创业项目参加。通过创业者演说、专家评委团现场审核等环节，脱颖而出的创业者将登陆京东金融的众筹平台为自己产品众筹融资。创业是创业者的梦想，然而，创业者毕竟是少数。对于大多数人而言，梦想往往是一个活动、一本书、一个创意、一个产品，梦想众筹就是为那些小的、大的梦想助力。梦想众筹的网站有很多，如追梦网和梦想帮。

1. 追梦网

追梦网是一个分享创意，助力梦想的筹资平台，认为众筹是"连接个体与群体，匹配创意和资金"的方式。追梦网定位是"帮助年轻人通过众筹，去发现和体验他们喜欢的生活方式"。

在追梦网上，每个人出50元、100元、200元，就可以一起写本书、一起去开个客栈、一起去旅行等。通过这种共同投资参与的方式，帮助年轻人去发现和参与他们喜欢的东西，将原本彼此陌生的用户连接了起来。追梦网是对传统融资和赞助方式的补充，致力于用创新的众筹方式，让有梦想的人高效便捷的推广创意计划，为项目筹资。如图4-7所示。

追梦网接受的项目类别有：艺术、漫画、舞蹈、设计、服装、电影、游戏、音乐、摄影、出版、科技和戏剧。用户可以发起、支持不同的创意梦想项目，也可以浏览他人的梦想故事，参与不定期的线下活动，与其他的追梦人进行交流。在追梦网，每个项目都有目标金额和时间限制，项目必须在发起人预

第四章 社交化的众筹——基于关系网络的资金融通

设的时间内达到或者超过目标金额才算成功。若没有达到目标金额,那么所有款项将退回到支持者的账户,保障支持者的资金安全。所有项目发起人都是实名认证,项目上线前会通过追梦网的工作人员进行审核、沟通、包装、指导。项目成功后,工作人员将监督项目发起人执行项目,确保支持者的权益。

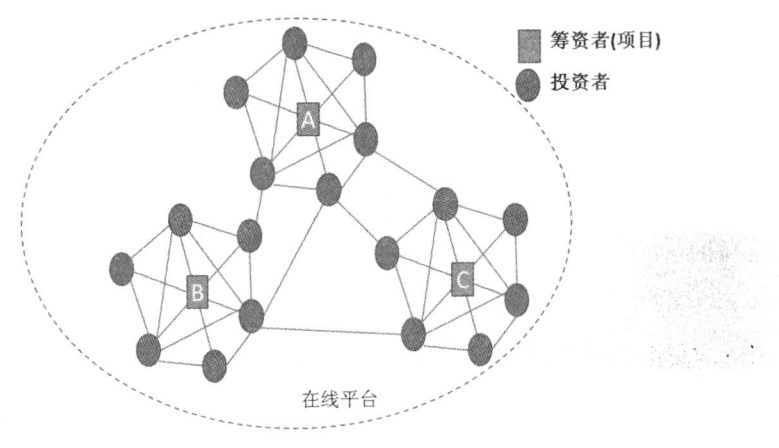

图 4-7 追梦网的在线平台模式

2. 梦想帮

梦想帮是一个助力大学生创业的互联网金融服务平台,以先互动后众筹的模式,解决创业者和投资者之间信息不对称问题。梦想帮主要包括三个项目:产品众筹、股权众筹以及创业大赛。其一,通过举办创业大赛,收集到大学生创业的信息,形成"资源池"。其二,通过线上平台,进行小规模产品预售,考察产品市场接受度,并根据用户反馈进行调整。其三,当创业者需要建立规范化的企业或者进行大规模生产时,向其提供股权众筹平台,帮助他们解决企业发展所需要的资金问题。

与其他接受线上项目的平台不同,梦想帮是在线下挖掘项目,如图 4-8 所示。因为仅仅一两次与项目团队的接触,难以很好的甄别项目方,也没有办法传递充分的信息给投资者。因此,在风险控制方面梦想帮是通过和团队共同成长的方式。因为共同成长,所以,梦想帮更了解被调查的项目。为了能够更好地接触到大学生创业群体,梦想帮联合成都多所高校,共同举办了高校创业大赛。获得成都市创新创业示范项目一等奖的同时,还建立起首批大学生创业团队的资源。梦想帮希望通过集聚创业者，当有10万、100万用户的时候能够形成创业者的圈子，为创业者提供信息、服务。与此同时，也能为其他投资者提供加入的机会，从这些方面挖掘商业模式的盈利点。

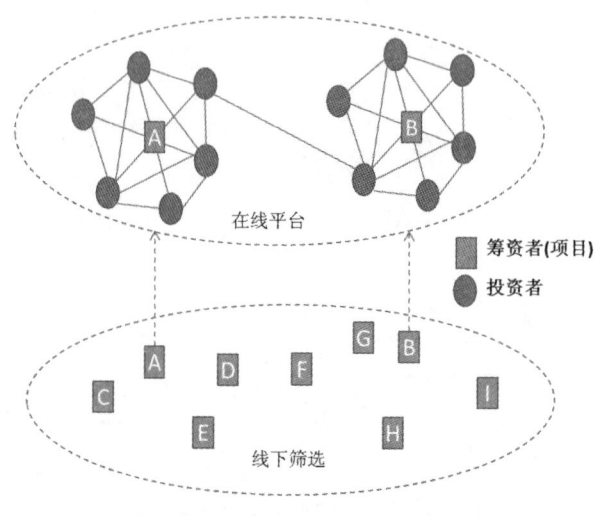

图 4-8　梦想帮的"线下筛选——线上筹资"模式

二、出版众筹：《我的诗篇》和《狼图腾》

时代在变，现在"买了一本书"的说法可以变成"众筹了一本书"。在互联网时代，当众筹逐渐融入影视、艺术、商品、硬件等多个行业时，自然也没有跳过传统出版行业。先有需求再有供给、丰富的线下路演活动、无限创意的项目内容，这些众筹元素颠覆了传统出版规则，为出版行业带了机遇和挑战。

在传统的书籍出版链条中，作者完成一本书的写作之后，将书籍交给出版社，图书出版后通过包括电商在内的零售商销售，最后才来到读者的手中。在这样的出版链条里，出版方与读者之间相隔较远，对内容产品的开发也存在不利因素。传统出版业对于一本书的预测更多是靠经验以及上市之前的征订预售判断，出版社在不清楚市场反馈情况下一般会采取保守策略。

出版众筹的出现，改变了传统出版链条中出版方、作者、读者之间联系不紧密和较难获得用户反馈的问题。众筹平台可以让发起者与支持者产生紧密互动，验证项目是否存在问题以及获知用户的其他潜在需求，从而精准开发纸质书之外的内容价值。众筹也可以让读者看到很多市场上没有的书籍，满足读者更多的个性化需求。此外，众筹还能够起到提前对图书进行宣传推广的效果，让读者参与到图书制作过程中，增加了图书的附加值。如图4-9所示。

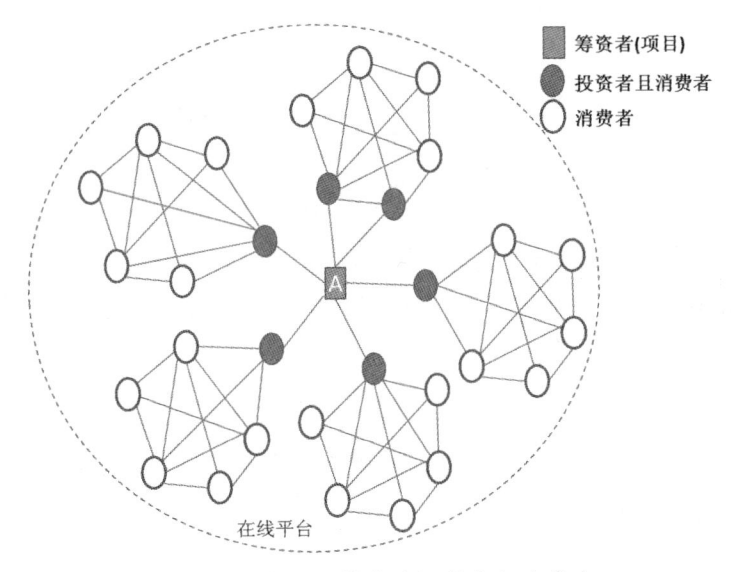

图 4-9　出版众筹中的投资者与消费者

《社交红利》的作者徐志斌在众筹项目发起之后2周时间内，通过其微博、微信、QQ群、新闻投稿和口头告知等手段，积极发布和推动众筹项目的宣传。初步获得3300个粉丝的支持后，继而再通过这3300初试粉丝的沟通，取得了总体印数超过五万册的成绩。这种方式对于新品发行的初级阶段都是极为有价值的，在互联网时代，得到网络用户关注，对于众筹产品的成功是至关重要的。典型的出版众筹案例还包括吴晓波发起的为工人创作一部纪录电影《我的诗篇》，《狼图腾》畅销十年纪念盛典。

1. 纪录电影《我的诗篇》的众筹

2015年初，作家吴晓波、诗人秦晓宇、导演吴飞跃联手发起了一个众筹项目。吴晓波无意中发现有一批在一线从事劳动生产的工人诗人，他们中有叉车工、爆破工、酿酒工，乃至地下800米深处的矿工，他们虽然承担着繁重的体力劳动,却仍在坚持写诗。吴晓波先是希望为这批工人出一本诗集,之后又有了更大的想法,希望能找到一个团队,将这些工人诗人的工作、生活处境和诗歌朗诵都拍摄下来,从而影响到更多的人。吴晓波在项目发起文案中写道,"想通过这些工人自己写的诗歌,向世界讲述一个震撼的、隐藏在中国深处的故事"。关注底层人民文化梦想的计划打动了很多人。窦文涛、许知远、袁岳等纷纷加盟,他们一起朗读工人的诗篇,并向公众传播这些作品背后的故事。《我的诗篇》制片人蔡庆增表示:"一直以来,我们这个团队都在寻找能触动人心的人物和故事,工人诗人,正是非常理想的拍摄对象。于是,大家决定完成一部纪录电影,向世界展现中国工人不为人知却又色彩斑斓的生命,触动大家去思考这个群体命运的走向。"

2.《狼图腾》畅销十年纪念庆典众筹

《狼图腾》畅销十年纪念庆典暨电影授权图书全球换封面活动在众筹网上发布了信息。如果参与众筹支持该项目,除了可以获得《狼图腾》畅销十年纪念精装版图书,还有机会获得作者姜戎首度送出的签名本。通过参与众筹"《狼图腾》畅销十年纪念盛典",粉丝们可以有机会近距离与作者、电影导演、主演面对面交流。

2014年5月8日,演员冯绍峰在微博中转发了一条众筹网上的信息——"《狼图腾》畅销十年纪念盛典",并评论到:"十年前就在某剧组听人聊起过《狼图腾》,当时别人还在讨论这小说要能拍成戏,该多好啊。一转眼十年了。"几个小时后,潘石屹转发了冯绍峰的微博,并且评论到:"十年前,我刚读完狼图腾,参加了他们组织的沙龙。十年后,小狼养成大狼了,要拍电影了。"两位微博"大V"的转发,迅速引起了数十万次的关注和评论。这种"滚雪球"的传播效应,展现出众筹模式所隐藏的媒体和社交属性。这种属性也为作品招徕更多的粉丝,更多的关注。

三、房地产众筹:Fundrise和万达

房地产众筹发端于美国,和其他类型众筹一样,房地产众筹也兼有筹资、筹客、筹智三大功能。房地产企业借助房地产众筹平台,不仅可以为项目开发建设环节筹集资金,也可以为企业运营、销售、服务环节提供支持,

还可以为投资者丰富投资品种，使其在主动参与、高度知情的基础上增加投资收益。

2015年5月29日，平安好房以及万科、绿地、万通、碧桂园等数十家企业共同发起的中国房地产众筹联盟正式宣告成立。该事件的发生表明了国内房地产众筹迎来了发展的黄金期。

按照投资目的，房地产众筹可分为购买居住型和投资理财型，这里只讨论投资理财型房地产众筹，以国外的Fundrise和国内的万达为例。

1.Fundrise

Fundrise是人人网投资的一家美国房地产众筹公司。Fundrise的众筹产品可归为两类，股权众筹和债权众筹，如图4-10所示。

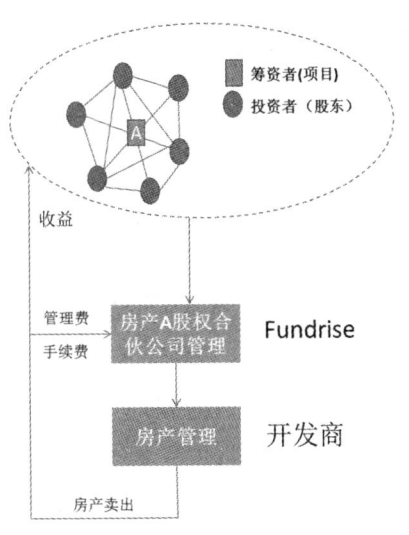

图4-10 Fundrise的股权众筹项目模式

在Fundrise的普通股众筹项目中，对于一个现房，开发商想装修后再卖出，需要装修的资金。如果能够卖出，则年化收益率是19.6%，但对于投资人而言，这种投资期限是难以预计的，投资者必须持有到房产卖出为止。在这种模式中，Fundrise帮投资者们建立了一个有限合伙公司，投资者按照自己的投资金额占有限合伙公司相应的股份，但投资者没有管理权利。Fundrise不持有有限合伙公司的股份，但却拥有有限合伙公司的Fundrise管理权。在这种方式中，房产由由开发商管理（包括装修到售卖整个流程），投资者必须等到房产卖出的那一天才能够回收本息。

债权众筹则采用了自行成立有限合伙公司发行本票的方式，本票的条款对Fundrise较为有利，如图4-11所示。对于一个现房，开发商想装修后再卖出，需要装修的资金。Fundrise则针对该项目成立一家有限合伙公司，通过发行本票的方式为开发商筹资。通过持有本票，投资人拥有债权。然而，当开发商无法在本票到期前还款，或者Fundrise没有在本票到期前处理掉房产，投资人将没有收益。当本票到期后，如果开发商还款或者Fundrise处理掉了房产，这些收益都归Fundrise所有。

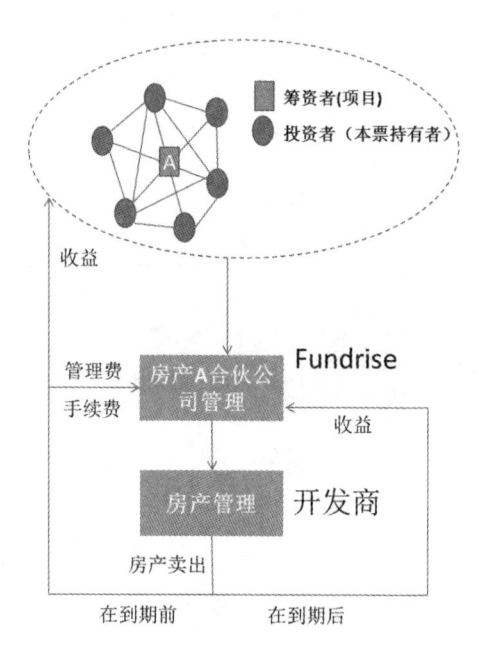

图4-11 Fundrise的债权众筹项目模式

2. 万达

2015年6月，万达集团、快钱公司共同推出中国首个商业地产众筹项目"稳赚1号"。该产品是中国首个商业地产众筹项目，运用创新的互联网金融方式，突破了传统商业地产的融资模式，使资金直接注入到万达广场的建设之中。"稳赚1号"以万达广场为基础，募集资金将直接投向各地万达广场建设，投资人则获得这些广场的收益权，享有商铺租金和物业增值双重回报，预期合计年化收益率可达 12% 以上，如图 4-12 所示。依托快钱公司的互联网金融业务平台，该项目同样具备极强的互联网属性，1000 元就可以起投。商业地产的这种小额投资的方式在以前是不可能实现的，但在互联网金融时代成为了可能。

由于众筹资金直投万达广场，而且基础资产只租不售，本金收益有保障，对于投资人的吸引力是显而易见的。而且，万达"稳赚 1 号"是直接对接实体资产，将资金定向投资于实体经济，区别于之前宝宝类互联网金融产品难以直接与实体对接的问题。使投资者对所投项目"看得见、摸得着"，大大降低了投资中的感知不确定性。

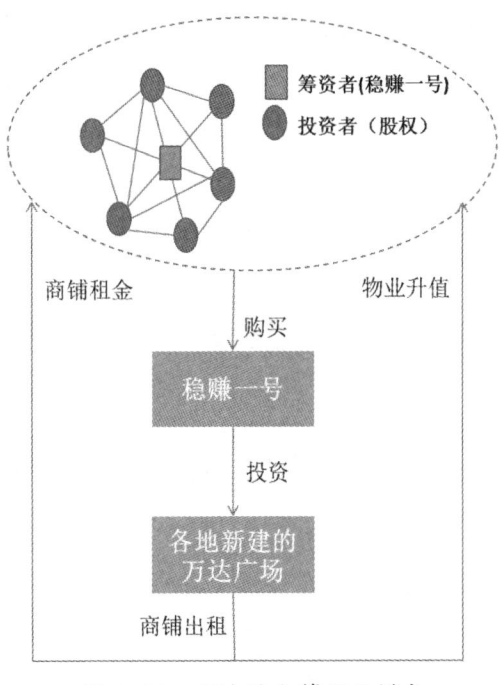

图 4-12　万达的众筹项目模式

四、众筹转型电商：点名时间

2012 年，一款名为 ZPM Espresso 的咖啡机出现在众筹网站 Kickstarter 上，先后获得 1546 位用户的支持，最终共筹集了 37 万美元。2015 年 1 月，

ZPM Espresso 团队宣布无法履行承诺完成交货，也未作出任何退款的承诺。该团队表示所募集到的资金已经投入到产品的研发与生产中，损失无法挽回。然而，收不到产品的一千五百多位消费者却感觉自己被欺骗了，想要退款，但 Kickstarter 并不支持退款。Kickstarter 众筹平台希望对那些竭尽全力但仍然失败的创业者保持包容态度。索赔无门的消费者开始用各种途径维权，他们成立了一个叫做"被 ZPM Espresso 骗了（Ripped off by ZPM Espresso）"的 Facebook 小组。还在企业聊天工具 Slack 上成立讨论组，讨论他们在精神上所遭受的创伤以及法律上的赔偿。创业、创意的实现是有风险的，诸如众筹成功但项目没有完成的案例还有很多。众筹的模式是先付款后生产，项目负责人提出创意以及产品样品，用户付款后，项目再正式进入生产阶段。沃顿商学院的教授 Ethan Mollick 认为有 80% 的众筹项目会延迟交货，其中大部分最终会完成交货，不过也有 14% 的项目难以完成或者是质量不达标。当众筹平台对项目团队持有宽容态度，那么，投资者的权益就受到了侵害。无独有偶，作为国内第一家众筹网站——点名时间也深受这个问题的困扰。点名时间认为，当好的团队和不好的团队出现在同一个平台上的时候，众筹平台难以对用户保证上线的项目在承诺时间内会拿出一个成熟产品。点名时间认为无论是初创团队还是大公司，都希望做出来的东西都是靠谱的东西。然而，现实中众筹平台上的用户有两种，一种是极客，一种是大众消费者，两种人的需求是不一样的。极客群体需要的是参与感，希望能参与到整个开发过程，这个时候允许产品是不成熟的。而对于大众消费者，他们希望拿到质量好的产品，产品不成熟则被认为是次品。这两种用户的喜好和思维习惯是完全不一样的。正是因为极客和普通消费者的需求难以兼顾，2014 年 4 月，点名时间对外公布放弃众筹。转型之后的点名时间定位为电商化的智能硬件限时抢购平台，通过"首发预售"和"1 元公测"两种项目模式来消除众筹模式存在的弊端，将两种人群分出来，如图 4-13 所示。

"1 元公测"是帮初创团队筛选出一群极客用户，在产品的开发过程中进行深入对接。在产品还不成熟的时候，让极客用户进行市场体验和测试来帮助初创团队验证产品。因此，不向这些用户收费，只象征性地收取了 1 元。对于想要购买成熟产品的普通用户而言，则应进入"首发预售"页面。那些已经研发成功的团队能够确保产品的发货时间和产品质量。这些项目通过在点名时间平台上推出，可以积攒第一批消费群体，然后，通过这些消费者进一步扩散产品的信息。所以，对于此类项目，点名时间的门槛要求较高，从而保护普通用户的权益。

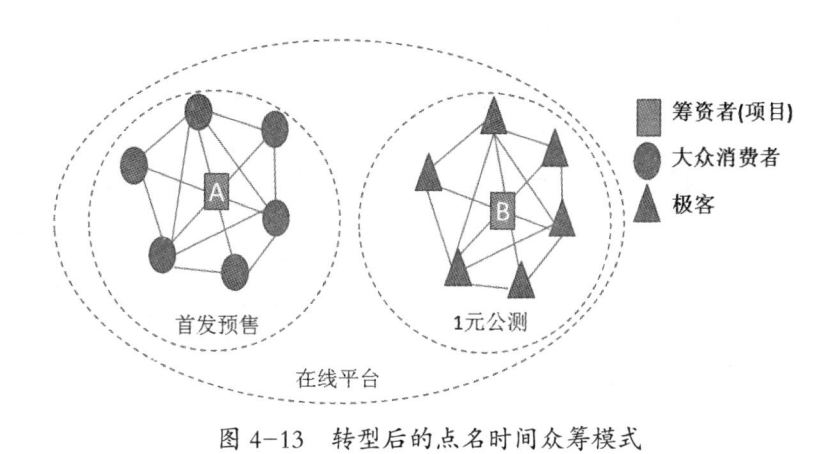

图 4-13　转型后的点名时间众筹模式

第三节　股权众筹

一、实体店的股权众筹：人人投

众筹可以从多个层面为创业者提供独特的支持，在无需额外成本的情况下提供产品售前、市场调研、口碑宣传以及群体智慧方面的服务。众筹改变了人们看待金融服务和消费者参与的方式。众筹机制有助于降低种子项目前期至后期投资的风险，同时，还能提供业务需求、产品定价及业务有效性方面的信息。股权众筹是一种常见创业众筹形式，指创业公司面向众筹平台的投资者出让一定比例的股份，投资者通过互联网渠道出资入股公司，拥有公司股份。

人人投是一家私募股权众筹平台，是专注于实体店铺的股权众筹平台。

为涉及到吃、喝、玩、乐领域的实体企业提供融资服务，帮助融资方快速融资开分店，帮助投资人找到优质项目，为投资人和融资者搭建相互信赖的互联网金融服务平台。人人投拥有一套完善财务监管系统，投融资双方可随时监察资金流向。人人投于 2014 年初上线，截止 2015 年底，成功众筹近三百个项目，拥有 270 万登记投资者，98 亿元预约众筹金额。短短 14 个月，已完成 7 亿元众筹金额，市场估值突破二十亿元，增长超过 20 倍。

人人投平台对筹集资金的项目方带来以下好处：

第一，当投资人是实力雄厚的资本方时，可以为实体项目方快速的注资，为想立刻拓展店面的项目方解决了资金难题。

第二，当投资人是有管理经验的企业家时，虽然对项目方的店铺只做投资，不参与经营管理，但是为了大家共同致富、互利共赢的目标，会为项目方找到很多的合作伙伴，为项目方拓展新的融资伙伴和人脉资源。

第三，当投资人是该项目的潜在用户或者粉丝时，项目方与投资人合伙开分店，店铺的生意会直接影响投资人的利益。投资人会希望店铺生意会更好，会将一些认识的朋友介绍到店面进行消费，增加项目方店铺的收益额。

第四，人人投平台对品牌进行推广。人人投在项目审核通过后，会将项目进行包装，包括视频、项目介绍等，在人人投平台可以将自己的项目推出去让更多的人认识，扩大品牌的影响力。

人人投对投资人带来以下好处：

第一，人人投项目主要针对的是身边的店铺，且店铺具有开业时间久、生意比较火爆、有一定的客户源和知名度等特征。此外，开分店的资金，项目方也必须要出资，投资人与项目方共同承担风险，共享收益。

第二，人人投与第三方支付平台合作，进行项目融资资金的托管。让投资人投资的投资风险更低，投的更放心。人人投平台与第三方支付平台易宝支付形成全面战略合伙伴关系，从而保障资金安全。

第三，一般的众筹网站项目种子期的项目比较多，人人投网站的项目都是成熟期的项目，要求项目必须是两家以上店铺，并且已经盈利，才能在平台上进行融资。

第四章 社交化的众筹——基于关系网络的资金融通

第四，人人投股权众筹平台上面的项目大部分都是一些小而美的项目，单笔投资较小，只要通过认证投资人的审核，就可以对项目进行预约认购。

第五，人人投股权众筹平台上面的项目主要是以餐饮为主，但还有美容美发、洗车行、桌游等其他的项目，可以根据自己所了解的行业进行选择投资。

二、类风投的股权众筹：京东金融

从目前来看，国内股权众筹领域有两种模式，一是人人投这样专注于实体店铺的股权众筹；另一类则是采用类风投的形式，由专业的投资人进行领投，其他投资者进行跟投，这种模式的代表是京东的股权众筹，如图4-14所示。

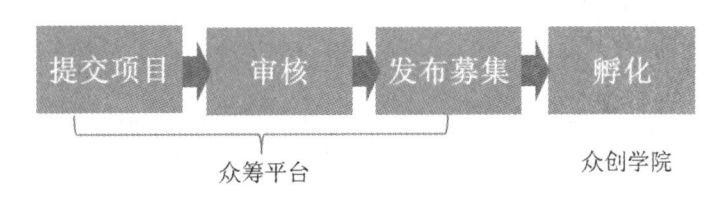

图 4-14 京东众筹的创业孵化系统

2014年7月，京东权益众筹正式上线。据艾瑞咨询统计，2014年中国权益众筹市场总规模达到4.4亿元，其中京东众筹融资规模为14031.4万，占比为31.6%。2015年3月31日，京东金融在北京召开股权众筹战略发布会，宣布京东股权众筹业务正式上线。为了减小普通投资者的投资风险和信息不对称，京东股权众筹采用了"领头+跟投"的模式：在众筹过程中由一位经验丰富的专业投资人作为"领投人"，众多投资人选择跟投。领投人需要在风投领域有丰富的经验，并且有成功的案例。不同于权益众筹，领投人除了要投钱，还要投入资源。对于投资人的资质，京东金融也设置了具体的门槛：收入不低于三十万元，金融机构专业人士，金融资产一百万元以上，专业VC。

选择前景好的投资项目，对投资人而言只是开始。为了完善投资之后的众多服务，京东还建立了投后管理团队，定期和不定期的监督企业对募集资金的使用。同时要求募资成功后的企业每年披露一次财务报表以及各类重大经营和战略事项。领投人除了每个季度披露一次跟踪报道，还要对某些类别的项目提供投后的实时数据监测。

2015年是大众创业万众创新的启动之年，创新的主体在不断涌现。京东也成立了创业生态圈，依托品牌资源库、公益创业导师和众创学院在内的综合创业体系，为创业者提供一站式创业服务。京东金融和3W孵化器管理公司达成战略合作，从最简单的前台、保洁、安保到财务、法务、营销、招聘、管理培训，再到企业的系统支持、融资咨询等，为入驻孵化器的创业团队提供全面的创业增值服务。

随着京东众筹的日益发展，越来越多的企业成功通过这种渠道融资，京东也开辟了专为中小企业打造的京东众创学院，力求帮助众多公司成功运作众筹项目，募集创业资金。这个学院的董事会还汇集了周鸿祎、徐小平、张磊等知名投资人，由3W的许单单担任副校长。所谓创业社群，是要让创业者彼此之间形成强互动，分享创业经验。在京东众创学院，参加过活动的创业者都会被拉入到一个微信群，京东众创学院一方面及时解答大家的问题，一方面是为学员们搭建相互交流、合作的桥梁。仅半年时间，京东众创学院集中营就已经有很多学员达成了合作。如果学员之间相互合作成立公司，将获得京东相关投资基金的优先选择机会。

三、四板市场的股权中心：陕西股权交易中心

在股权众筹领域，还有一只国家队，那就是分布在各地的区域股权交易中心。当前，中国资本市场分为：交易所市场（主板、中小板、创业板）和场外市场（全国中小企业股份系统——新三板、区域股权市场——也称四板市场），如图4-15所示。目前，已有天津、重庆、上海、浙江、江苏、广州、深圳、湖南、山东、安徽、青海、陕西等三十多个省市陆续成立区域股权交易中心，挂牌企业上万家，如图4-16所示。

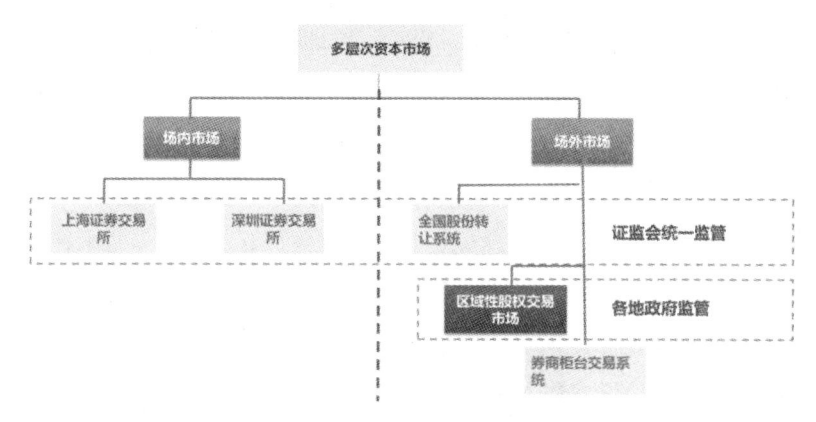

图 4-15 多层次资本市场

区域性股权交易市场是为特定区域内的企业提供股权、债券的转让和融资服务的私募市场，是中国多层次资本市场的重要组成部分，亦是中国多层次资本市场建设中必不可少的部分。区域性股权交易市场对于促进企业特别是中小微企业股权交易和融资，鼓励科技创新和激活民间资本，加强对实体经济薄弱环节的支持，具有积极作用。

图 4-16 区域股权中心的分布

社交金融：共享经济时代金融新格局

作为陕西省人民政府批准设立的国有大型骨干企业，早在2012年，陕西金融控股集团就启动了互联网金融的布局。先后发起或成立了以互联网金融为主要业务领域的陕西金开贷金融服务有限公司，为非上市公司各类权益的登记、托管、交易及投融资服务的陕西股权交易中心（如图4-17所示），开展线上线下资金融通、对外投资业务的陕西金控互联投资管理有限公司等子公司，以及金融大数据中心、"互联网金融"研究中心、西部金融发展研究院、陕西省互联网金融协会等发展研究机构。

2014年11月，李克强总理在主持召开国务院常务会议时指出，要"建立资本市场小额再融资快速机制，开展股权众筹融资试点"。成立于2014年的陕西股权交易中心，就是承接陕西省区域性股权交易市场职能的机构，肩负着推动省内中小微企业健康成长、加快进入资本市场的社会责任。陕西股权交易中心是陕西省股权及各类金融产品的交易登记平台、中小微企业综合融资服务平台、中小微企业综合信用信息平台以及对接省内外资本市场的平台。目前，陕西股权交易中心展示及挂牌企业438家，股权托管企业152家，会员单位109家，挂牌企业总股本86.6亿股，实现各类融资总额近八亿元。

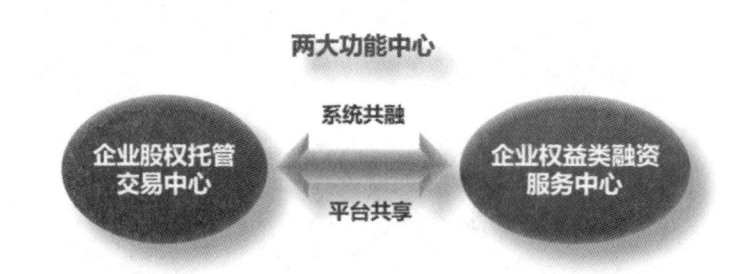

图4-17 陕西股权交易中心的两大功能

企业在陕西股权交易中心挂牌后，使得股份公司股权可以在区域市场上自由流通，挂牌企业可以获得流动性溢价，估值水平较挂牌前会有明显提升。银行对挂牌企业的认知度和重视度也会明显提高，挂牌企业更容易获得商业银行贷款。金融机构更认可股权的市场价值，挂牌企业可获得股份抵押贷款等融资便利，提高了企业综合融资能力。此外，挂牌企业还可以吸引到优秀的股权投资基金、风险投资基金等投资机构以及优质供应商和客户的关注，获取更多的发展资源。同时，在推荐机构、律师事务所、会计事务所等专业中介机构的介入下，企业挂牌过程中可以建立起现代企业治理和管理机制，推动企业健康发展。

第五章
社交化的
P2P——资源互通与财富增值

社交化的 P2P 是基于熟人关系之间而出现的匿名借贷服务。如基于校友关系提供信用建设和资金互助的 P2P 服务，专注于特定人群并提供个性化、社交化的 P2P 理财服务。此外，P2P 产品和 P2P 平台纷纷拥抱以社交网络为核心的在线媒体，进行社会化营销。

本章导读

P2P 从平台转型社交
P2P 如何利用好社交网络：强连接和弱连接
面向特定群体的 P2P 服务

第一节　P2P从平台转型社交

一、什么是P2P？业务与模式

2014年3月1日的《经济学人》(The Economist)杂志发表了一个"没有银行的银行业"(Banking without Banks)专题报告，报告指出：通过对借贷双方提供更好的交易，把双方联系起来的网站正在挑战零售银行。新来者中居首位的是点对点借贷平台，它们通常通过网上竞拍直接让借方和贷方相匹配。一些点对点的平台将贷款分割、切块并打包；另一些平台允许贷方挑选它们。一个英国的点对点平台Zopa，给予贷方4.9%的利率（大部分的银行通常不给钱），在个人贷款上通常收息5.6%。

《经济学人》里面提到的点对点借贷，就是日常听到的P2P。P2P是英文peer-to-peer的缩写，即个人对个人的网络借款，是一种将小额资金聚集起来提供给有资金需求人群的一种小额借贷模式。

P2P通常指个人通过第三方平台向其他个人提供小额借贷的金融模式。

随着互联网技术的快速发展和普及，P2P逐渐由单一的线下模式，转变为线下线上并行，随之产生的就是P2P网络借贷平台。P2P网络借贷的社会价值主要体现在满足个人资金需求、发展个人信用体系和提高社会闲散资金利用率三个方面。P2P平台作为信息和撮合中介，平台本身不吸储、不放贷、不能作为资金池，只提供金融信息服务，并由担保机构提供担保。

在中国，最早的P2P网贷平台成立于2006年。在其后的几年间，国内P2P平台发展较慢，鲜有创业人士涉足。直到2010年，才开始陆续出现了一些试水者。2011年，P2P平台进入快速发展期，一批P2P平台踊跃上线。2012年，中国P2P平台进入了爆发期，P2P平台如雨后春笋般成立，总量达到两千余家，比较活跃的有数百家。据不完全统计，仅2012年，国内含线下放贷的P2P平台全年交易额已超百亿。进入2013年，P2P平台更是蓬勃发展，以每天1~2家上线的速度快速增长，平台数量大幅度增长所带来的资金供需失衡现象开始逐步显现。

P2P网贷由具有资质的网络信贷公司（第三方公司、网站）作为中介平台，借助互联网、移动互联网技术提供信息发布和交易实现的网络平台，将借、贷双方对接起来实现各自的借贷需求。借款人在平台发放借款标，投资者进行竞标向借款人放贷，由借贷双方自由竞价，平台撮合成交。在借贷过程中，资金、合同、手续等全部通过网络实现。P2P平台是以收取双方或单方的手续费为盈利目的，或是赚取一定息差为盈利目的。客户对象主要有两方面，一是将资金借出的客户，另一个是需要贷款的客户。

国内的几大P2P模式主要有以下6种类型。

1. 债权担保模式。面对投资者和借贷者之间的错位需求，在债权和债务之间进行打包转让，既是投资者的债务人，也是借贷者的债权人，错位的同时形成了资金池。如宜信公司，承担的就是类似资产管理的功能。

2. 项目批发模式。如平安陆金所，利用平安集团的金融产品优势，广泛对接银行、信托、保险和具体项目信贷，用项目对接的方式将投资者的资金匹配到具体的产品中。

3. 线上运营模式。借助线下和线上资源，但更注重线上资源的利用，主要利用互联网开展投资、融资宣传，并结合数据征信开展信用贷款。如拍拍贷、人人贷、积木盒子等。

4. 线下信用嫁接模式。利用传统银行团队的运营经验，结合线下抵押和质押流程模式，为线上融资开展征信服务，将线下商业信用转化为线上P2P平台信用。

5. 银行P2P模式。银行利用自身业务资源，对部分委托贷款业务进行P2P化的尝试，具有风控和流动性优势。如招商银行"e+稳健融资"项目，拓展了中小企业的融资方式。

6. 电商跨界模式：如阿里、京东、苏宁等，利用电商平台丰富数据积累，进行自有体系内的P2P业务和体系外的数据征信服务。

二、社交化的P2P：Prosper和Lending Club

LendIt峰会是全球第一个有关P2P的峰会，第一届于2013年在纽约举办。2014年5月，第二届LendIt峰会举行，参加者达950人，同时举办地点也扩展到了上海和伦敦。到了2015年，LendIt峰会已经成为P2P领域最权威的峰会，几乎囊括了全球P2P精英。

2014年，注册参加LendIt大会的中国人士只有31人；2015年，这个数字增加到了一百三十多人，这届LendIt峰会总参会人数达到了两千四百多人。LendIt大会不仅设立了中国主题专场"世界最大的P2P市场——中国"，还有很多分论坛的内容都涉及中国P2P市场。包括宜信CEO唐宁、玖富CEO孙雷、陆金所董事长计葵生等多位中国互联网金融的代表人物都在大会上做了演讲。中国P2P网贷公司的身影则包括宜信、陆金所、玖富、信而富、你我贷、麦子金服等。当然，这次大会自然少不了最具代表性的两家P2P平台，Prosper和Lending Club。零壹财经在2015年发布了《美国十大互联网金融公司巡礼》一文，对这两家互联网金融公司的商业模式进行了介绍。

1. Prosper

Prosper于2006年2月在美国加州旧金山市创立，是美国金融史上第一个P2P借贷平台。Prosper撮合了一些有闲钱的人和一些急于用钱的人，用户若有贷款需求，可在网站上列出期望数额和可承受的最大利率，潜在贷方则为数额和利率展开竞价。这种交易对借贷双方是一种双赢，卖家可以获得比银行更高的利息收入，买家可以获得较低的还款利率和便捷的服务。平台的收入来自借贷双方，向借款人收取每笔借款额的 1%~3%，向出借人按年度总投资额的 1% 收取服务费。

在 P2P 平台上，借款方希望寻找愿意以最低利率出借的出资人，出资人则希望找到愿意支付更高利率的借款人，个人信用评分是借贷双方的主要参考指标。Prosper 将风险等级划分为 7 大类，不同风险等级也对应不同的最高借款额度，Prosper 的借款金额范围在 1000~35000 美元。贷款利率在 6%~36% 之间，利率越高风险越大，Prosper 并不承担坏账风险。

Prosper 平台设有投资限制规则：投资人最低出借金额为 25 美元，平台支持投资人使用 Quick Invest 或 Auto Quick Invest 进行自动投标；在贷款发布的 24 小时内，单个投资人的投资金额不能超过总借额的 10%，24 小时之后则无限制；普通散户投资者在平台上出借的总金额上限为 2500 万美元，机构投资者无最高金额限制。

由于机构投资者的参与，使得散户投资者感觉到被市场中的"大户"排挤。为了平衡并帮助投资散户争取市场份额，2014 年 2 月，Prosper 宣布投资者投资任何一笔贷款的最高额度不可以超过该贷款总额的 10%，投资限额规则的制定维持了市场的平衡。

为了开拓新市场，Prosper 与传统行业展开合作，拓展更多的借款人。2015 年 1 月，Prosper 以 2100 万美元收购了美国医疗借贷公司 AHL（American Healthcare Lending）。AHL 成立于 2009 年，业务覆盖多个垂直医疗保健领域，如整容、生育、脊椎和神经外科手术等。AHL 是一个云端的患者融资平台，贷款的申请通常都是患者在医生办公室录入信息，可立即确定是否能够获得贷款。收购后，Prosper 可以获得更多的用户资源，患者则可以通过 Prosper 平台得到更好地融资服务。

2. Lending Club

Lending Club 是一家成立于 2007 年 5 月的 P2P 公司，2014 年 12 月 12 日在纽交所挂牌交易。2007 年 5 月，Lending Club 在 Facebook 上线"合作性的 P2P 贷款服务"，该服务为 Facebook 用户提供了一条不需要银行参与、借贷双方直接联系、拥有更优惠利率的贷款渠道。Facebook 用户在 Lending

Club 上注册，注册信息就会显示在用户的 Facebook 页面上，访问者知道他是 Lending Club 的成员，且有资金出借（或借入）需求。Lending Club 另一个举措是利用校友关系开展借贷服务。2007 年 10 月，Lending Club 宣布推出"基于熟人关系的借贷服务"，该服务是通过高等院校校友组织的网络来提供资金借贷服务。

Lending Club 自成立之初，就强化风险管理。对贷款申请者会进行严格的筛选审核，仅有 10% 的申请能够成功。Lending Club 根据贷款的期限和金额分 A~G 七个等级，每个等级又包含五个子级，贷款的等级预示着风险程度及回报率。由于 Lending Club 不对借款进行兜底，这就意味着投资人应根据自身愿意承担多大的风险，来配置投资不同等级的借款项目。

Lending Club 的盈利主要来源于贷款人的交易费和投资者的服务费，前者一般为贷款总额的 1%~5%，后者则为投资总额的 1%。Lending Club 的运作模式即自身仅作为借贷双方的中介，对借款人进行信用评级，根据其信用和借款期限确定贷款利率后，将贷款需求发布在平台上。当贷款需求被成功认购后，借款人向 WebBank（一家贷款公司）签发贷款本票，WebBank 向借款人发放相应金额的贷款，并将该笔债权转让给 Lending Club，Lending Club 再将这些贷款以收益权凭证的形式卖给投资人。这样投资人就成了 Lending Club 的"债权人"（或"收益权人"，因为 Lending Club 发行的是收益权凭证），而非借款人的债权人。如图 5-1 所示。

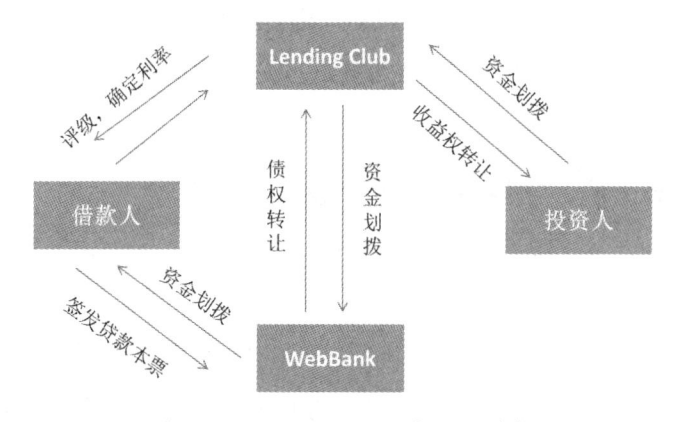

图 5-1　Lending Club 的 P2P 模式

Lending Club 除了大举进军企业贷款领域，还一直持续挖掘个人贷款用户。2014 年 4 月 17 日，Lending Club 以收购了一家贷款服务商——Springstone（仅在 2013 年，Springstone 就促进了超过三亿四千万美元的私人教育及医疗费用贷款）。2015 年 1 月 7 日，Lending Club 与 USWCC（美国妇女商会）合作，帮助女性企业主获得可负担的利率的信用贷款。2015 年 1 月 15 日，Lending Club 与 Google 携手推出一项面向 Google 合作企业提供低息贷款的项目，通过贷款审核的企业可以获得不超过六十万美元两年期的贷款。

Lending Club 的品牌口号是"更好的利率"。Lending Club 平台上的借款人往往在美国其他信用机构同样能借到钱，借款人选择 Lending Club 是为了省钱，而在中国的 P2P 平台能不能借到钱才是借款人最关心的问题。从 2015 年 2 月起，Lending Club 开始与阿里巴巴合作，允许美国小企业申请不超过三十万美元的短期贷款，用于采购阿里巴巴网站上中国供应商提供的商品。Lending Club 会提供 1~6 个月的贷款，利率根据贷款金额、贷款期限、贷款企业信用等信息，以及对供应商和商品的审核结果进行设置。

第二节　P2P 如何利用好社交网络：强连接和弱连接

一、弱关系、强参与度的熟人借贷：朋友范

一般而言，社交网络关系按用户之间的联系和互动频次可分强关系和弱关系。

格兰诺维特认为，关系的强弱决定了能够获得信息的性质以及个人达到其行动目的的可能性。强关系的社会网络同质性较强（即交往人群从事的工作，掌握的信息都是趋同的），人与人关系紧密，有很强的情感因素维系着

人际关系。反之，弱关系的社会网络异质性较强（即交往面很广，交往对象可能来自各行各业，因此，可以获得的信息也是多方面的），人与人关系并不紧密，也没有太多的感情维系，即泛泛之交。

在社交金融中，因为熟人更加了解彼此的还款能力、还款意愿，相较于找陌生人借贷所要面对的不确定性风险与高额利息支出，找熟人帮忙显然更加可靠。"朋友范"就是一款基于朋友间的信任关系而开发的移动社交金融应用。

朋友范的商业模式是匿名借贷，一个人在其朋友圈的范围内（可关联手机通讯录），依据对圈内朋友的综合判断，自愿给出不同的授信额度等级，并愿意将自有闲置资金通过朋友范平台出借给有资金需求的朋友。从具体的操作流程来看，用户在登录平台后，可发出借款申请，并以短信方式将借款需求通知给自己的好友，好友可通过短信中的链接了解借款详情，并根据自己资金现状决定出借金额。当用户通过平台成功借到资金之时，平台会收取1%~3%的服务费。此外，平台的收入还包括衍生收入以及社交平台的增值服务等方面。对于出借方而言，该平台的优势体现在：出借人可以在这个规范化的平台上自由填写资金用途、使用期限、利息等信息；可以下载该平台自动生成的具有法律效力借贷合同，为借贷双方一个法律安全保障；通过该平台出借的资金，资金收益以合同方式进行了约定，友情和收益在该平台上得以兼顾；"朋友范"建立了完善的风控机制，包括匿名授信机制、信息披露机制、催还借款机制（线下催收、法律援助等附加服务），保障了出借方的权益。

借款方和出借方之间的朋友关系，被"朋友范"进行了微妙处理。用户可以从朋友范APP"友圈"栏目看到自己被多少朋友授信及授信金额，但并不知道授信人是哪位朋友。当用户需要资金时，可以向其朋友发起借款邀约，借款额度根据平台设定的等级实现，如果之前从未被朋友授信，用户只能在平台上借款200元，借款额度与授信朋友人数成正相关。借款期限为半个月到半年，利率为5%~15%，具体数值由借款人根据自身情况设定。同样，用户也可以在资金充裕时期，向自己信任的朋友授信并匿名出借。

"朋友范"平台具有以下特点：

第一，单向与双向匿名。与传统的 P2P 网贷模式相比，"朋友范"借款功能的创新之处是采取单向匿名与双向匿名相结合的模式。单向匿名即被选择的出借人未曾向借款人有过授信行为时，出借人可以看到借款人的基本信息；而借款人通过"朋友范"选择的至少 2 位出借人，无法断定是哪位好友出借给他。双向匿名是当被选择的出借人曾经给借款人有过授信行为时，出借人便看不到借款人的基本信息，借款人同样也不知道出借人是谁。

第二，资金保障。朋友范采用第三方支付平台易宝支付，借贷双方资金均在易宝账户，朋友范并不接触资金，保障了资金安全性。当借款到期时，"朋友范"首先会用短信提醒还款，如逾期超过 72 小时，则平台会协助出借人催缴、在平台网站上进行违约纰漏、向朋友圈好友公布信用行为（称之为"社交炸弹"）、法律协助等方式进行资金的安全保障。

第三，相互授信。"朋友范"平台打破了以往银行或机构授信给个人、理财收益和成本固定被动的繁琐信贷模式。借款人和出借人都可以在平台上相互授信，经由平台实现双方自由议定期限。这样的自由信贷模式，使出借人得以摆脱繁琐流程提高收益，借款人摆脱高昂借贷成本减小借款压力。

二、平安做开放平台，陆金所成社会化营销先锋

2013 年，电视剧《龙门镖局》在国内上映。该剧中插入的"平安票号为江湖提供全方位金融服务"广告语使观众印象深刻。实际上，《龙门镖局》这部"古装职场喜剧"就是由中国平安集团投资的，有些集数甚至由平台集团整体定制。

在《龙门镖局》中，陆三金作为平安票号的"代言人"，反复强调其平安票号的少东家的身份，为后续平安票号的出现和发展做了完整铺垫。同时，剧情设计中强调了通过平安票号投保重要性，剧情中还有大量关于保险知识及保险业务员与客户之间幽默故事。平安集团以"平安票号"的形式植入《龙门镖局》，而平安票号的少东家陆三金指的就是陆金所。

陆金所，全名"陆家嘴国际金融资产交易市场股份有限公司"，注册资金 8.37 亿元。陆金所是一个非标准资产交易平台，是平安开拓个人综合金

融服务的重要尝试。美国最大的 P2P 研究博客 Lend Academy 于 2014 年 5 月 5 日发布的调查报告《中国最重要的 P2P 公司》中，陆金所被列为全球规模第三大的 P2P 平台。

1. 开放平台

事实上，中国平安在普惠金融领域已经探索多年，也是国内最早开展小额消费信贷业务的金融企业。具体到相关业务，却是散落到集团内部的各个角落：有的挂在财产保险旗下、有的在陆金所。2015 年 3 月，平安集团宣布整合平安直通贷款业务、陆金所辖下的 P2P 小额信用贷款以及平安信用保证保险事业部，成立"平安普惠金融"业务集群。

平安集团决定将原本零散的业务剥离出原来的主体，成立一个新的业务集群，这个过程，平安集团将其称为打通"天地网"资源，此举标志着陆金所转型做开放平台。如图 5-2 所示。

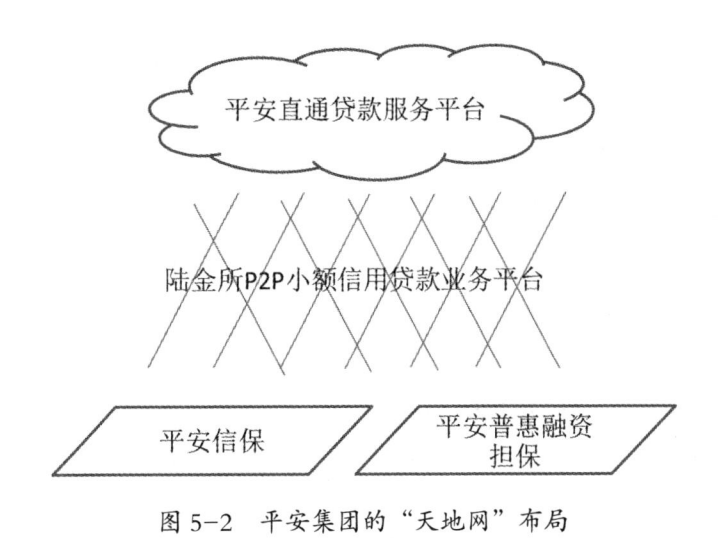

图 5-2 平安集团的"天地网"布局

"天"指的是平安直通贷款服务平台，是中国平安为开拓金融产品远程交易搭建的业务咨询服务平台，面向贷款客户的资金需求，提供线上直通消费贷款咨询服务。

"地"。其一，即平安信保，原是平安财产保险旗下的平安信用保证保险事业部。其二，还包括 2014 年 8 月中国平安海外控股公司从淡马锡收购而来的富登金融控股有限公司全资设立的担保公司，平安将其更名为平安普惠融资担保公司。

"网"指的是陆金所P2P小额信用贷款业务平台。陆金所旗下有两个交易平台——专门针对个人投资者的网络投融资平台Lufax和针对机构、企业和合格投资者的Lfex。

按照平安集团的整体规划，上述业务具有客户群相似、业务模式互补、战略协同性强等特点，可整合形成一个名为"平安普惠金融"的业务集群，进行业务前中后台的统一管理。未来除了P2P，还会有越来越多保险产品、基金产品在陆金所上线，信托公司、基金公司等第三方机构在监管法律允许的情况下，也可以在上陆金所开店。

2. 社会化营销

作为国内领先的网络投融资平台，陆金所的投资服务完全依托于互联网。广大的互联网用户是陆金所最直接的受众群体，因此，脱离互联网的推广宣传无异于缘木求鱼。为了有效覆盖这部分人群，陆金所主动拥抱以社交网络为核心的在线媒体，以其作为主力推广媒介。在众趣（Social-Touch）的社交媒体推广经验和专业团队的助力下，陆金所启动了基于官方微博的社会化营销。如图5-3所示。

在内容创造方面，陆金所微博上的内容注重原创、专业、严谨，在潜移默化中将陆金所专业金融平台的形象传播给受众。同时，陆金所对内容的"专业度"和"普及度"进行细致配比，一改金融类微博小众、晦涩、难于接近的形象。在互动方面致力于人格化的建立，将微博化身为名为"陆所长"的金融专业人士，使品牌形象更加鲜活、丰满，通过沟通中的真诚和专业培养受众对品牌的信任度。

在活动推广方面，陆金所积极开展微博推广活动，并选择热门事件作为话题，提高活动热度及时效性，促使受众积极传播。通过一级节点用户的传播，活动微博的影响力能够得到二次乃至三次扩散。为避免在多层次传播中品牌形象淡化，活动文案及宣传海报会进行反复斟酌、设计，使品牌影响力能够得到更大范围的扩散和持久的效果。

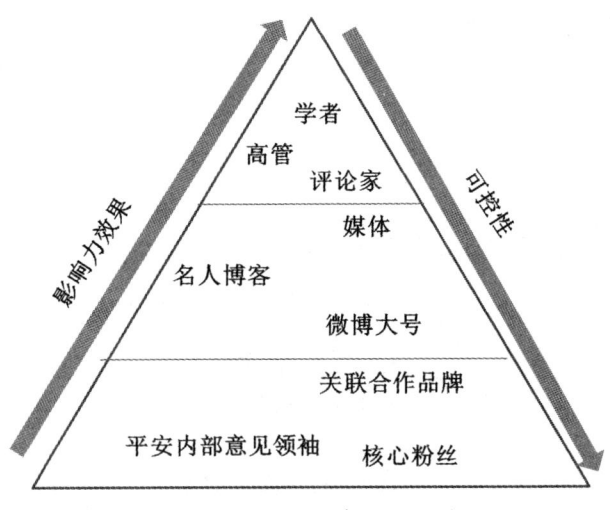

图 5-3 陆金所微博的互动营销

在资源整合方面，陆金所微博账号横向上与平安集团内部各大品牌账号形成良好互动关系。2012 年 8 月 2 日，深发展银行更名平安银行，中国平安集团内部账号纷纷发布祝贺，进行接龙转发，陆金所微博参与接龙，并得到了"@ 中国平安"账号的转发，昭示了陆金所的品牌背景。陆金所微博账号纵向借助陆金所官方网站、搜索引擎等平台，达到多平台用户的导流引入。微博页面设置陆金所官方网站引导链接，引导客户访问官网，促成微博用户向实际用户转换。在新浪微博平台内部，灵活使用各类 KOL（Key Opinion Leader）资源，迅速建立认知度、专业度和影响力。

众趣技术团队还为陆金所官方微博量身定制 APP 讨论区，将 BBS、客服、意见发布等功能整合到微博，实现用户单账号享受一站式服务；同时，利用微博覆盖面广的优势，有针对性的公开讨论区的正面信息，对真实用户的正面反馈进行更大范围的扩散。

第三节　面向特定群体的 P2P 服务

一、大学生借贷：速溶 360、校友金服

（一）速溶 360

速溶 360 是一个为高学历人群提供信用服务的网站，为在校大学生、毕业校友之间提供了信息交互、微金融互助和信用记录数据服务。在速溶 360，用户可以得到校友社交、分期购物、现金小借、小额投资等服务，还能拥有自己的线上信用标志——"信用脸谱"。平台以向大学生提供信用借款为切入口，并以此作为信用模型建立的原始数据来源，开展微金融社交和信用输出等服务。大学生群体有独特和强烈的信用价值诉求及社交需求，速溶 360 通过搜集、分析用户网络行为数据，为其建立速溶信用指数。

速溶 360 不仅为用户带来免息借贷服务，还为学生带来一些附加的价值，如找到校友、获取兼职机会。目前投资人 60% 来自校友，对校友来说，借款给学生可以满足回报母校、帮助他人的心理诉求。这些学生毕业后可以与校友企业合作，或者在校期间获得企业的实习机会。而在传统 P2P 金融中，投资人和借款人之间难以有借贷之外的互动。

（二）校友金服

2015 年 12 月 20 日，北京道口贷科技有限公司宣布其针对大学生个人借款需求打造的校友圈社交金融平台"校友金服"正式上线。"校友金服"是以校友情谊为纽带，为在校学生和毕业校友搭建信任借款、投资育人的社交金融平台。在校同学可以通过"校友金服"向已毕业校友寻求低息资金支持，出资校友则获得一定的收益。

市场经济是契约经济，信用是一切经济活动的基础。大学生是青年中的优秀群体，很多同学会成为未来社会的中流砥柱。大学生们通过校友金服借

钱，依靠的是个人信誉。毕业的校友愿意出资帮助在校生，更多是出于对母校的情感回馈以及对年轻同学的支持。校友金服融合了社交元素与金融服务，透过金融纽带让新老同学跨代交流。新同学可以更多了解社会，寻找实习和工作机会，而老学长也有机会挑选优秀人才充实队伍，挖掘和培养未来精英。

除了将校友关系引入借贷关系外，校友金服的另一大特点是低息。在校同学通过校友金服借款的利息为年化5%~8%，如果借款人能够邀请自己的同学来点赞，或者上传获奖证书等，还可以获得赞助企业的贴息，以免除部分或者全部利息。上海银行是首家为借款同学提供利息赞助的企业，这也是银行与校友金服在校园社交金融产品创新与风险管理模式上的积极探索。

二、女性理财：她理财

相关数据显示，女性掌管着家庭70%的支出，她们不但是家庭消费的主力，也是投资的决策者。然而，现有理财社区大都"男性化"，鲜有关注女性人群的理财需求。如果能让女性用户们更好地学习理财，并相互分享和鼓励，则是一种很有意义的商业行为。

女性在理财方面区别于男性，体现在以下四个方面：女性风险偏好较低，通常倾向于保障第一、收益第二；女性理财更多的是为了提高生活品质，而非单纯积累财富；女性乐于听取专家意见，易于跟随亲朋好友进行相同的投资或理财活动；女性往往拥有家庭的消费和投资决策权，理财的女性往往更加独立、生活态度积极乐观、更有责任感。

她理财是一家国内女性理财社区，主要用户是22岁~35岁的女性，这个年龄段的女性处于初入职场或事业发展期，正值财富累积阶段，特别需要可靠、专业的理财知识与经验。女性想要理财，但是由于资金和知识的门槛，不知道从何下手。除了在社区里学习和分享理财知识与经验，女性特别需要专业可靠的咨询服务。传统的金融机构往往门槛较高,不能提供相关的服务，她理财恰恰是这样一个学习理财的平台。

理财是一种复杂需求，涉及到收支安排、财务保障、资产配置和风险管理诸多方面，不是通过购买一两款产品就能解决的。因此，除了"她理财"这个社区平台，该团队还研发出了一款在线规划理财服务产品——好规划。

"好规划"通过互联网和智能算法,为想理财但感觉无从下手的女性人群提供量身定制的理财规划和资产配置方案,并以个性化的咨询服务持续与用户产生互动。

她理财通过"社区+规划"形成了商业模式闭环:"搭建她理财社区,积累和沉淀用户"+"建立好规划,为用户提供财务规划模型"。随着商业模式的不断成熟和用户数量的增长,她理财未来会通过为用户推荐理财产品收取一定的费用。

第六章
社交基金——投你所好，晒你所投

　　社交平台在传播信息、服务客户中起着至关重要的作用，基金公司也纷纷利用社交网络强化品牌形象、拓展销售渠道。社交平台的发展为基金营销的转型提供了必要的条件，微博、微信、视频等社交平台成为基金进入更大市场的重要入口。

本章导读

基金对接社交平台
基金的"社交网络+"
社交基金的范例：天弘基金

第一节　基金对接社交平台

一、社交数据挖掘优化投资决策

麻省理工学院波士顿媒体实验室的数据科学家桑迪·彭特兰（Sandy Pentland）及亚尼夫·阿尔特舒勒（Yaniv Altshuler）曾跟踪那些使用推特等社交媒体的投资者的投资回报。研究发现：如果投资者能够从多个社交群体获得来源不同的各种信息，便可获得最高的投资回报；那些从多个社交群体里获取信息，并模仿明星交易员的"社交性投资者"将获得比一般投资者高10%的回报；对社交更为敏感的投资者，所获得的投资回报也比只效仿一两名明星交易员的投资者高出约4%。这样的结论表明，投资者保持社交群体的多样性，并与多样性的社交群体交换来源不同的信息，能提高投资回报。

在国内，社交性投资者主要集中在社交投资平台上。雪球是一个投资者的社交网络，为投资者提供跨市场、跨品种的数据查询、新闻订阅和互动交流服务，覆盖了A股、港股、美股和债券、基金、信托、理财等方面。雪球将投资产品、投资者、上市公司与投资机构链接起来，参与方在互动中获取信息并持续产生新的信息，实现内容的不间断生产。雪球上的"私募工厂"是一项三方合作的业务，通过建立独立帐户开展正常交易，并由第三方公证业绩。同时，雪球用户生产的大量信息使得官方信息的生产和发布不再具有必要性，原本的传统媒体型业务团队转变为一个实践化的投资团队，由此产生了"i美股基金"。

社交网络不仅能够为投资者带来有用的信息，还能通过挖掘人群的情绪来预测市场走势。诺贝尔奖获得者罗伯特·席勒认为，投资者行为和情绪对资产价格、市场走势有着巨大的影响。利用社交网络数据来跟踪股市，就像通过晴雨表来预测阴雨和晴天一样，投资者可以依据民众广泛的情绪来预测股市走向、决定其投资组合的动作。

总部设在波士顿的对冲基金公司 Tashtego，由曾对 Twitter 进行早期投资的星火资本注资。Tashtego 依靠算法全面追踪 Twitter、Facebook 等一系列投资者经常交流投资想法的社交网络社区，分析客户情绪和投资者行为数据，从而在美股市场进行交易。其实，利用社交媒体进行投资并非新鲜事。早在 2010 年，英国对冲基金 Derwent Capital Markets 建立了一个规模近四千万美元的对冲基金，利用 Twitter 帮助公司投资，被称作"Twitter 对冲基金"。Derwent Capital 用一种特定的算法来对 Twitter 所反映出来的情绪进行分析，然后据此进行买卖交易。借助 Twitter 和包括 Facebook 和 YouTube 在内的社交网站，通过复杂的计算机模型，进行数百亿美元的交易。

基金借助社交媒体数据来优化投资选择，表明社交媒体在金融市场以及影响用户阅读内容和行为习惯方面发挥着重要作用。如 2011 年瑞典银行在拉脱维亚遭遇挤兑，就是因为 Twitter 上传言称瑞典银行业可能陷入困境。如今，Twitter 已经不再是唯一可以帮助基金赚钱的社交媒体，越来越多的基金开始通过分析更多的社交媒体数据进行买卖交易。

二、基金与社交联姻

2014 年月 8 日，福布斯在上海发布了"2014 年中国慈善基金榜"。2014 年的榜单除延续以往的评分体系外，对项目执行信息的披露要求更为严格，同时加大了微信、微博的评分权重。榜单评分指标由基本信息、筹款信息、项目执行信息、年度财务信息、日常事项披露等构成。

2014年公益慈善基金凸显了两大特色：

第一，公益和互联网结合更加紧密。即互联网公司打造专业的公益平台，慈善基金会借助这类平台展现项目及募资。如腾讯公益捐款平台在2009年5月推出了"腾讯月捐"，截至2014年10月17日，捐款总额已超过两亿两千四百万元，增长迅猛，是互联网和公益慈善深度融合的典型。阿里巴巴则鼓励慈善基金会在商城开设网店，2010年上线的支付宝E公益平台，截止2014年10月累计捐款达2.09亿元。新浪微博则在2012年上线了微公益平台，推出个人求助、品牌捐等产品。

第二，社交网络正在改变公益方式。社交网络发展迅速，成为慈善基金会宣传和披露的一个重要渠道。2014年上榜的25家基金会中，19家开通了微博，16家开通了微信。与需要点击进入基金会页面查看信息不同，微博和微信在方便公众浏览信息的同时，增加了互动体验，这对于基金会来说传播效果更好更到位。

中国红十字基金会是中国最大的全国性公募基金会，是具有独立法人地位的非营利性民间公益团体。由于传统信息传播的局限性，需要帮助的群体往往不能第一时间将需求传达至中国红十字基金会，延误了宝贵的援助时间。爱心人士往往由于获取信息渠道有限，找不到参与公益的途径。

往来科技有限公司是集互联网社交与电子商务于一体的新移动互联商业平台，构筑起现代人的社交关系网络，并通过礼物和愿望建立人与人之间的商品、信息、资金的交互与互助。2015年1月26日，往来科技有限公司与中国红十字基金会在北京举行了战略合作协议签约仪式。往来公司成为红基会在线募集的发布平台，并且为红基会在互联网发布募捐项目提供相应的技术支持，往来公司的公益频道成为红基会官方承认的募集项目发布平台。

移动互联网时代的社交平台拥有大量的关注群体，通过好友间的信息交互可以将受助群体的需求第一时间传达至中国红十字基金会，加上已经成熟的互联网社交和在线支付技术，能提升公益机构面向社会大众募捐的效率，降低社会成本，推动公益救助事业的发展。

第二节 基金的"社交网络+"

以微博、微信为代表的社交网络,在传播信息、服务客户中起着至关重要的作用。作为资本市场的重要参与力量,公募基金公司也在有规划有意识地利用社交网络强化品牌形象、拓展销售渠道。电子商务是基金营销转型的重要步骤,而微博、微信、视频等社交媒体则是基金电子商务的重要入口。

一、南方基金玩转视频社交

随着互联网金融的不断发展,基金产品的营销方式也不断推陈出新。2014年9月,南方基金率先在美拍APP上开通官方账号,成为首批试水微视频社交营销的基金公司,此举也是南方基金在视频营销上的又一模式创新。开通美拍官方账号是为了借助视频社交的优势,直观生动地与客户沟通,以"内容+互动"的双轮驱动方式实现品牌的360度传播。视频具有极强的视觉冲击力和感染力,改变了基金产品在客户心中枯燥和艰涩的形象。

2015年4月,一则名为"基金小苹果"的视频走红社交网络圈,视频中,十多位俊男靓女时而正装、时而短裙,伴随着神曲小苹果的音乐节奏起舞。该视频就是由南方基金固定收益部、交易部、客户服务部、企划部等部门的年轻员工拍摄的,一改平日"金融人"的严肃刻板形象。该视频为南方基金旗下即将发行的财经大数据基金产品——南方i100指数基金宣传造势。之所以选择如此突破常规的互联网化宣传方式,与南方i100指数基金本身深具"互联网基因"的特性有关。作为业内首只财经大数据指数基金,南方i100指数基金所跟踪的i100指数以互联网财经大数据应用为特色,是一款基于财经媒体与社交平台挖掘投资情绪并应用于指数选样的策略指数。通过对财经领域的"大数据"进行定性与定量分析,按照财务因子得分、市场驱动因子得分和大数据得分进行模型优化，选取排名在前 100 名的股票构成大数据 100 指数初始样本股。同时，指数样本股实施月度定期调整，较传统指数更高频率进行更新，以便及时捕捉市场动态。

不同于沪深 300、创业板等恒定风格指数，i100 指数成份股由投资者情绪和市场走势驱动。Wind 资讯数据显示，截至 2015 年 4 月 10 日，i100 指数当年以来涨幅达 59.7%，同期上证综指涨幅 24.72%，沪深 300 指数涨幅 22.94%。近一年 i100 指数上涨 126.6%，大幅跑赢上证综指、沪深 300 等传统主流指数。在指数大幅上涨的情况下，营销创意的成功使南方 i100 指数基金的发行更为顺利，投资者纷纷开始咨询该基金的发行信息。

二、大成基金深耕投资者心理

微博、微信和股吧等社交媒体上的发言能够反映投资者对股票的情绪，搜索引擎上关于股票的搜索行为也能透露出投资者的心理。相对于传统市场调查，大数据挖掘能够收集更多方面的信息，使基金公司能够更加全面地理解市场。

大成基金是中国获准成立的"老十家"基金管理公司之一。2015 年 4 月，大成基金组建了互联网金融部门，将互联网金融作为战略发展方向。大成基金组建了一支专业的互联网金融团队，通过大数据量化策略来改造产品与服务。

2015 年初，奇虎 360 开始组建 360 金融团队，运用大数据挖掘与分析能力从事互联网金融业务。2015 年 8 月 10 日，由大成基金、奇虎 360 和中证指数公司联合推出的"中证 360 互联＋大数据 100 指数"（简称：360 互联＋）上线，即国内第一只互联网金融行业大数据指数诞生。"360 互联＋"不支持直接投资，只推出了"360 互联＋"指数基金产品。"360 互联网＋"指数采用的工作原理之一是 360 旗下的好搜搜索引擎根据用户发出的搜索请求及其查询关键字，经过文本挖掘和语义分析，筛选出每天与每只股票相关的查询次数。通过搜索请求与关键词分析，可以挖掘出用户投资需求和市场情绪。

"360 互联＋"以 2012 年 12 月 31 日为基日，以该日收盘后所有样本股的调整市值为基期间，1000 点为基点。Wind 数据显示，该指数一年以来的收益率为 132.48%，单日涨幅高达 5.26%。截至 8 月 10 日，其 2015 年以来 132.48% 的上涨幅度超中证 500 指数 57.70% 的同期涨幅，也超过创业板指同期 83.91% 的涨幅，并且超过百发 100、南方 i100 和淘金 100 等大数据指数的同期上涨幅度。

"360 互联＋"指数的上线只是大成基金互联网金融布局的表现之一。

创立于 2011 年的雪球拥有超过 1000 万注册用户，社区中有围绕 A 股、B 股、港股、美股乃至各种基金期货和理财产品的交流和讨论，日新增内容逾二十万条。中证指数公司于 2015 年 9 月 15 日发布"中证雪球社交投资精选大数据指数"。该指数是大成基金联合社交投资平台——雪球特别定制，这是一只"社交投资 / 跟随投资"概念的基金。该指数发布后，大成基金采用指数化投资策略，推出跟踪该指数的基金。数据显示，2013 年以来跟踪该指数投资的组合收益率达 251.2%，超越中证 500 指数 15% 以上。

三、嘉实基金搭建社交投资平台

"聪明的贝塔"（Smart Beta）是近十年来在全球成熟市场中迅猛发展的一种新型投资策略。相关数据显示，截至 2015 年中期，美国"聪明的贝塔"产品规模为 4500 亿美元，而在中国规模仅有 5.2 亿美元，成长空间巨大。金贝塔是嘉实基金旗下金贝塔网络金融科技公司开发的一款社交投资手机软件，也是中国首家基于"聪明的贝塔"的投资策略平台。嘉实的互联网证券战略，瞄准的不是传统的券商业务，而是一个存在千亿创新空间的金融蓝海。

金贝塔作为一款专注国内组合投资的应用软件，由嘉实财富量化研究团队、行业投资顾问和民间人士共同构建出中国市场特色的投资组合。金贝塔每个组合都源于一个明确的投资理念，同样也由一个简单有趣的名字来概括，如"高管增持"、"在线教育"、"网络安全"等，让投资者一目了然。

相对于海外的 Motif 而言，金贝塔的分析师更了解中国投资者的需求。金贝塔领军人物为上海"千人计划"特聘专家，曾获得新财富最佳分析师、水晶球最佳分析师等殊荣。金贝塔团队与投资达人们每天在海量的财经资讯、研究报告、企业财报和业内消息中提炼最具投资价值的信息，形成多元的投资组合。这些组合更符合中国资本市场特色，如跟随上市公司高管买股票的"高管增持"、"一带一路"等都是中国独有的组合。此外，Motif 的社交能力较弱，金贝塔弥补了这一弱点。金贝塔推出了 ios 版和安卓版移动端，投资者可以随时关注投资组合的动态，包括收益表现、波动率、调仓记录等，还可以与投资组合创建者即时互动交流，社交功能的强化释放了社区选股的作用。社交投资平台具备极强生命力，不会因牛市而生、熊市而死。金贝塔用特殊的投资思想创造组合，能够集思广益，覆盖更大面积的证券。金贝塔平台经过一年的发展，截止 2015 年末，已引入近百名证券分析师、专业研究人士作为官方认证的"大 V"用户，其中有三分之一的"大 V"在 2015 年获得新财富最佳分析师奖项。

第三节 社交基金的范例：天弘基金

一、定位为新生代服务

余额宝的崛起，使得鲜为人知的天弘基金一跃成为国内规模最大的基金公司。在全民理财的热潮下，各大互联网企业推出的理财产品背后都有基金公司的身影。

2016 猴年央视春晚，余额宝的基金管理方、国内第一大基金公司天弘基金，携手支付宝在"咻红包"活动中回馈用户 1000 万元支付宝红包。其实，这已不是天弘第一次在红包大战中回馈用户千万级别的现金红包了。

随着余额宝的用户超过一亿，2014 年 6 月 13 日，在余额宝成立 1 周年之际，天弘基金为一亿多余额宝用户搭建了宝粉网。对于宝粉网的经营，天弘基金具有两个"思维"：一是互联网的迭代思维，二是"80 后"、"90 后"思维。天弘基金希望在宝粉网上培育理财意见领袖，并伴随"80 后"、"90 后"用户需求成长而开拓更多业务。天弘基金"四位一体"的关系如图 6-1

所示。

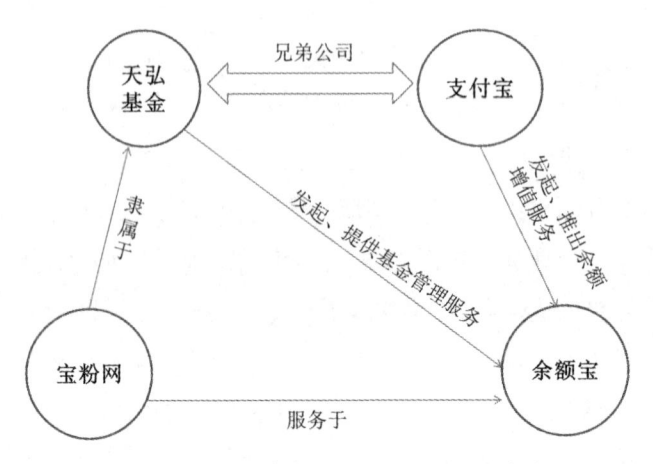

图 6-1 天弘基金"四位一体"的关系

宝粉网的想法源于余额宝的云小二，最初是为一百多个云小二提供一个系统的管理平台，但后来发现云小二之间有交流需求，于是逐渐形成一个社区。云小二理念源于客户帮助客户，即用户们经常在微博、论坛上互相帮助，而且，个体的切身体会有助于其他用户更好地理解余额宝的内涵和功能，以及对风险的认知。传统基金的客户以40~60岁居多，但余额宝用户年龄最集中的是24岁，资金规模则以"80后"为主（占比达49%）。天弘基金认为，"80后"、"90后"不太愿意接受过于专业的东西，更愿意接受团体中的意见领袖的观点，以及意见领袖的经验分享。

当余额宝用户已经达到一亿多，如何开拓这批用户备受业界关心，宝粉网被视为一个新的销售渠道。"宝粉网"专注于打造宝粉互动、交流的平台。与金融产品上线前需要做大量评估不同，宝粉网成立之初没有明确地计划要达到多少注册用户，也没有设定盈利目标。

"宝粉网"正式上线后，不仅每日播报余额宝净值的最新资讯，而且定期发起热门话题，激发宝粉之间的交流和分享，还推出了宝粉专享活动。由于宝粉网的卡通风格和趣味内容，以及有天弘基金员工在宝粉网做专业服务和支持，用户互动交流效率更高。此外，宝粉网还不断上线诸如"一句话证明你是真宝粉"、"七夕送鲜花"、"赢韩国游"、"赢电影票"等精彩活动回馈用户。

宝粉网于 2014 年 8 月 7 日上线"点亮宝粉节"活动，短短 10 天时间，就引发数百万宝粉网网友关注，活动微博阅读量超过一千五百万。至 8 月 18 日 18 点左右，第一百万个用户用鼠标亮了宝粉节，于是，8 月 18 日正式确定为每年的"宝粉节"。每个宝粉参与活动"点亮宝粉节"并成功分享到新浪微博即可获得一个卡密，在支付宝手机钱包 APP 的"余额宝"公众账号中将卡密兑换成收益翻倍卡，该卡在有效期内的任意一天使用，可对"昨日收益"进行翻倍，倍数可以是随机的 5 倍、2 倍、1 倍或 0.5 倍其中之一。开展"宝粉节"活动是出于对余额宝社交属性的挖掘，通过推出"宝粉节"等一系列活动，促进用户之间在社交活动中学习到理财知识。

2014 年 10 月，宝粉网推出了新版，嵌入到支付宝钱包的余额宝服务窗内，让用户在查收益的同时多了很多乐趣。宝粉网还上线了类似众筹——名为"心愿树"的社交金融产品。

二、大数据提供技术支撑

为了挖掘宝粉网沉淀下来的数据，天弘基金还搭建了基于阿里云的云计算平台，该平台拥有巨大的存储能力和高效的分布式计算能力。2015 年 11 月，天弘基金发布了余额宝情绪指数，集合"海量大数据＋高端技术投入＋高精准性＋高时效性"的余额宝情绪指数，可以准确反映了散户入市意愿。

基于大数据、云计算技术推出的余额宝情绪指数，具有以下三个特点：

第一，股市涨跌不定难以把握，从余额宝情绪指数可以发现 2015 年投资者的大众情绪反应。

第二，余额宝情绪指数勾勒出了散户们的心路历程。如 2015 年 2 月初大盘第一次调整时，余额宝情绪指数却大幅上涨。2015 年 2 月~4 月，大盘持续上涨，余额宝情绪指数也随着股市一路震荡上涨。2015 年 5 月，股市进入第二次调整，散户开始出现分歧。2015 年 6 月中旬，大盘在 5000 点附近，散户反而对后市态度冷淡。2015 年 6 月中旬，股市暴跌，余额宝情绪指数也应声下跌。2015 年 12 月，股市不断震荡，而散户却既忐忑又抱有期盼。

第三，余额宝情绪指数能够对散户投资情绪实现准确把握。立足于天弘基金拥有海量数据和大数据技术，能够刻画出散户入市意愿的边际效应。

余额宝情绪指数的推出，也体现出了天弘基金的技术实力。天弘基金搭建了基于阿里云的云计算平台，拥有巨大的存储能力和高效的分布式计算能力。2015年，平均每天有300G数据进入天弘基金大数据中心，一年下来有106T，相当于2个中小银行的数据量。天弘基金在大数据分析中，使用了诸如聚类分析、多元线性、时间序列、神经网络等复杂的大数据挖掘模型。

2016年1月，天弘基金推出了2015大数据系列图说。2015大数据系列图说通过直观、有趣的形式，勾勒2.6亿用户的理财特征、交易规律和蜕变历程，展示了"80后"、"90后"年轻群体的理财需求崛起，这也将为资产管理行业分析研究客户特征提供良好的数据。截至2015年底，"80后"、"90后"余额宝用户共计1.98亿，占总数的76%，其中"80后"占39%、"90后"占37%。至2015年底，余额宝规模增加到6207亿元，同时，用户数更是大幅增长到2.6亿，蝉联了国内规模最大、用户数最多的单只基金的桂冠。

第七章
社交保险——从线下关系到线上网络

对于保险公司而言，社交媒体可为其建立与客户持续的互动关系，倾听、了解个人与社区的需求，并据此进行高度个性化的交流互动。依托社交平台的大数据，保险公司可以更加精准地捕捉用户的保险需求，开发出针对性更强的个性化产品。

本章导读

保险业的网络关系营销
挖掘保险产品的社交基因
从平安到众安,保险的社交化创新
腾讯,从连接一切到医疗保险

第一节　保险业的网络关系营销

一、在线社交网络时代的保险业

2014年8月13日，国务院发布了《关于加快发展现代保险服务业的若干意见》，其中第十九条专门对保险产品、服务的创新进行了规定。政策出台是与行业发展密切相关的，往往都是先有企业的商业模式和技术创新，后有政策出台。

保险行业的互联网创新是从2014年春节开始的。

2014年初，保险公司围绕"春节概念"，纷纷推出了各种应景的网销产品：华泰财险的"人在囧途险"、苏宁易购的"BOSS莫怪险"、国华人寿的"吃货险"、生命人寿的"鞭炮险"、安诚财险的"春晚收视率保险"、平安保险的"春运保障险"等。

2014年2月17日，苏宁保险销售有限公司成立，成为中国商业零售领域第一家具有全国专业保险代理资质的公司。同年12月，苏宁保险又与友邦保险合作成立了保险电销中心。"网电融合"的保险服务升级，以电销为起点，逐步将服务范围拓展至互联网保险和实体门店的保险销售服务。

2014年3月，阿里巴巴推出"娱乐宝"平台，网民最低出资100元即可投资影视剧作品，并有机会享有剧组探班、明星见面会等娱乐权益。国内监管方面要求众筹不能以股权或资金作为回报，项目发起人更不能向支持者许诺任何资金上的收益，因此，"娱乐宝"只能借道保险、信托的形式进行创新。

随着微信影响力的日益扩大，保险公司对微信的关注度上升到了前所未有的高度。接入微信接口，就意味着保险产品在极短的时间内面对庞大的微信用户群。各家保险公司微信公众平台的推出，开启了保险行业的社交服务新时代。借助微信平台，微信保险产品纷纷上线，人们可以在微信朋友圈转发链接，吸引自己的朋友们参与其中。

基于微信提供的保险产品主要有两类。

第一类，类似于互助保险，通过微信朋友的互助买单，实现寿险保障。代表产品为泰康人寿的"求关爱"。这类"微互助"型保险突破了传统保险的投保流程、产品设计和营销模式，将互联网思维融入到产品的每一个环节中，通过微信朋友圈本身就拥有的信任关系，建立起"传播—参与—扩散"的链条，其中蕴含的"人人为我，我为人人"的互助理念，也体现了保险的本质和保险价值的回归。

第二类，类似于保险理财，基于微信进行的产品设计，其投保、理赔都较为简单。产品形式主要为万能险，代表产品有阳光保险的"摇一摇"、国华人寿的"理财宝"等。

不仅国内的保险公司热衷利用社交网络，国外的保险公司也是如此。美国家庭保险公司是一家寿险公司，该公司在Facebook上开通了应用。Facebook用户只需同时成为他们最喜爱的球队以及美国家庭保险公司的粉丝，就能获得该球队的免费商品。这一应用将两个完全不同的Facebook粉丝群联系起来。作为对活动的特别支持，公司以前5000名粉丝的名义向美国红十字会捐赠。该项活动于2009年8月推出，将美国家庭保险公司成功地推介给了更多新的消费者，同时帮助该公司赢得客户并留住他们。

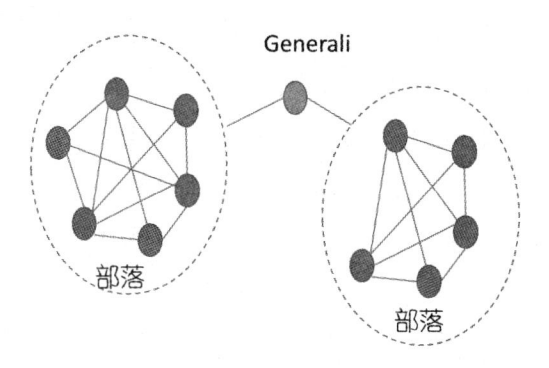

图 7-1　Generali 的部落模式

法国财产保险公司 Generali 推出的一款保险产品，允许客户组成"部落"，分享购买保险获得的好处，如图 7-1 所示。该部落为其成员签署的每单车辆保险合同提供积分，部落社区的所有成员都有资格分享部落内其他成员积分份额。部落收集的积分可为成员中的事故受害者提供高达 100% 的超额保险偿付，而价格也将根据部落成员行为进行调整。

对于保险公司而言，社交媒体可为其提供众多机会——与客户建立持续的互动关系，倾听、了解个人与社区的需求，并据此进行高度个性化的交流互动。

埃森哲技术实验室总监艾曼纽·维亚勒（Emmanuel Viale）总结了社交媒体能够为保险业带来的潜在好处和机会，其中包括：

第一，提升品牌。社交媒体有助保险公司发现具有影响力的品牌拥护者，并支持他们进一步扩大品牌影响力；展示出保险公司愿意聆听、响应客户问题或投诉的良好态度；提高保险公司的响应速度，及时应对那些可能使品牌声誉严重受损的问题。

第二，降低成本。利用社交媒体平台让消费者互相帮助，有助于避免对相同问题的重复回答，从而降低保险公司客服中心的成本。有效利用社交媒体，保险公司便可将客服部门的人力和资源调配到更加重要的事务上，还可以利用这一几乎免费的平台获得客户，实现成本节约。

第三，影响客户行为。对于有能力听取客户意见、进行众包创新的保险公司而言，社交网络是获取客户洞察的宝贵来源。社交媒体有助保险公司建立信任，从而巩固客户关系。利用社交媒体，扩大满意客户口碑营销的影响力，从而增强保险公司改变客户感知的能力。

第四，提高客户满意度。通过密切关注社交媒体动态，保险公司可迅速捕捉到客户的负面情绪，并采取积极主动的措施，解决仍处在萌芽阶段的问题。通过社交媒体持续与客户互动，将成功提升客户忠诚度，同时提高净推荐值（主动向他人推荐本品牌的客户占比）。

第五，增加销售业绩。保险公司可以通过在社交媒体上添加产品评级和评论，并且引入共享传播的病毒式营销活动，以获得新的客户。同时，还可利用评审、评级和推荐来获得反馈，进一步确认潜在的新客户。

第六，推出新的保险产品。互联网、社交网络、移动互联网用户可能存在很多新的需求，这些需求的挖掘可以为保险公司的产品创新提供思路。保险公司可利用此平台掌握竞争对手的实时动态，通过社交网络挖掘用户的需求，也可以提供基于社交网络需求的服务。

二、保险业利用社交网络的三步曲

互联网保险在中国发展迅速。中国保监会数据显示，2014年互联网保费收入为870亿元，同比增长195%。

在风投机构H2Ventures联手毕马威发布的《全球金融科技100强》榜单中，排名第一的为众安保险。该报告在上榜理由中提到，众安保险是中国首家互联网保险公司，也是一家创新的互联网财产保险公司，将大数据技术全程运用于产品设计、自动理赔、市场定位、风险管理等全过程。在国内，除了众安保险，百度、安联保险、高瓴资本也先后宣布建立"百安保险"。此外，泰康人寿、银之杰、奥马电器、银江股份、京东等各类机构也纷纷进入互联网保险领域。

互联网保险创业企业也如雨后春笋般出现，2015年，获得A轮融资的有车险无忧、大特保、宜保通、最惠保、灵犀金融、赔付宝等。

互联网时代的保险公司大致分为三类，一类是参与互联网销售的传统保险公司；第二类是互联网代销平台；第三类则是互联网保险创业公司。如今，第一类保险公司越来越多，互联网、社交网络成为保险公司产品营销的重要渠道。

埃森哲公司对全球寿险和财险客户的研究表明：80%的受访客户会参考社交媒体的建议来选择新的保险提供商，其中30%的受访客户表示，这些建议会成为他们的主要选择标准，而年轻客户把这些推荐视作首选标准的可能性是其他群体的两倍。

基于调查研究，埃森哲公司总结出了保险公司利用社交网络的三阶段。

第一阶段：倾听。企业对通过社交媒体获得的公共信息进行分析，主要针对以下两大目标：第一，确定当前客户情绪的倾向和基调；第二，找出那些对客户意见及决策有着重大影响的因素。在第一阶段，研发、营销、公共关系、投资者关系及其他沟通部门应主要负责动态监测、信息收集、发现问题并在问题确认后对其作出恰当反应。为了更好地进行分析工作，保险公司需要采用系统方法，识别影响因素，分析社交媒体上所关注内容（尤其包含客户提出的关键问题），并深入分析关注内容的主题。分析应当针对不同的渠道展开，同时还应根据分析结果建立并实施恰当的行动方案。

第二阶段：参与。保险公司应继续其倾听活动，并与客户进行互动，同时通过企业内和企业外两种渠道，积极参与大规模、跨部门的客户互动，努力建立并提升企业影响力。保险公司也可通过Facebook、微博、微信、人人网等成熟渠道的品牌主页和组群参与社交媒体活动，但使用不同社交平台的方式和目的应有不同。保险公司应该对用户互动过程进行管理，准确识别并利用对保险公司品牌影响巨大的意见领袖。此外，保险公司应建立社交媒体战略和组织构架，成立社会化部门，统一管理公司在各种社交媒体平台上的不同类型互动。

第三阶段：优化。优化社交媒体有助于保险公司在营销过程中更深入、更灵活地接触到各类消费者群体，包括具有特别兴趣（如休闲车车主）或特殊需要（如小企业业主）的群体。社交网络也能协助保险公司的代理人网络赢得并留住客户，可以利用社交媒体发现有价值的线索，还可将这些线索提交给合适的业务员以开展后续工作。保险公司可以将社交媒体中随时更新的信息与客户关系服务联系起来，推动与客户进行更深入地对话。

社交媒体为保险公司带来了提高企业知名度、促进客户参与的巨大机遇。

社交媒体具有强大的力量，能够重塑保险行业、创建新的差异化因素。如果保险公司能将社交媒体行动视为业务综合方案的组成部分，而非一套独立的计划，就能最大程度地利用社交媒体获取成功。但是要想实现此项目标，许多保险公司都需要重新审视自身当前的信息技术基础设施，特别是陈旧的保单管理系统。只有做好顶层设计和底层架构之后，按照社交化因素重新设计保单和内部管理系统，才能为保险公司利用社交网络提供支持。

第二节　挖掘保险产品的社交基因

一、朋友互赠：太平洋保险的救生圈

2013年下半年以来，保险公司对微信的关注度上升到了前所未有的高度。接入微信接口，就意味着保险产品将在极短时间内面对微信的庞大用户。

保险从传统的面对面销售，到网上销售，再到微信销售，有两次升级。第一次升级是以淘宝保险为代表的网上销售。相对于面对面销售，网上销售扩大了顾客群体，降低了中间费用，简化了产品设计。第二次升级来自于微信一类的社交平台，这类平台可以大大提升用户的投保体验，克服了一般消费者对于保险产品的心理障碍，加快了产品分享速度。

保险的本质是互助，保险产品的开发和营销有了社交化属性后，能够带动保险回归互助的本质。依托社交平台的大数据，保险公司可以更加精准地捕捉用户的保险需求，开发出针对性更强的个性化产品。

2014年6月，太平洋保险开发的社交保险产品"救生圈"在"中国太保"微信平台上线，这款业内领先的社交网络保险产品一经推出，立即吸引了众多关注。太平洋保险选择传统激活卡业务作为"救生圈"的切入点。激活卡是太平洋保险经营较为稳定的业务，主要用于拓展新客户和维护老客户。激活卡具备保费金额较小、保障金额较高、用户激活灵活、购买需

求高频等特点，有助于吸引客户购买，降低用户微信支付门槛，并激发其后续购买需求。

"救生圈"巧妙地将短期意外险激活卡模式嫁接到微信平台上，不仅打通了微信支付和微信承保出单流程，更对激活卡业务流程带来重要变革。

救生圈能迅速在微信上走红，是因为该产品具有以下特色：

其一，好玩。"救生圈"用"扔"和"捞"的场景，契合意外险保障主题，让用户可以以"玩"的方式轻松地进行线上互动。

其二：实用。产品设计物美价廉，保费只需2元，保险期限7天，保障金额10万，涵盖了各类出行工具。

其三：真情。可以扔个"救生圈"给旅游的朋友，对方"捞"到的是一份太平洋寿险的"世纪行"产品，这"一捞一扔"之间也体现了一次保险知识普及。

其四：便捷。如果用户想知道自己的"救生圈"保单状态，了解保障范围，查询出险理赔方式，只需点击"我捞到的救生圈"，就可随时查询到自己已激活的电子保单。

二、微互助：泰康人寿的求关爱

2014年2月28日，泰康人寿推出的"社交保险"上线。这款产品突破传统保险的收费和承保方式，通过微信朋友圈建立传播链条。

"求关爱"是由泰康人寿推出的短期防癌健康险，每份保费1元。微信用户购买"微互助"防癌险产品后，将微信支付成功后生成的"求关爱"保单页面分享至微信朋友圈，而朋友圈的好友使用微信支付1元钱，便可将该保单的保额增加1000元。该产品的保额上限为10万元，即需要99名好友助其投保，投保期限则为30天，投保的用户即以100元的保费享受保额为10万元的一年期的防癌保障。

实际上，"求关爱"的背后是四十多人组成、平均年龄在三十岁左右的泰康人寿创新事业部。这个在业内首推"互联网思维融入产品"并落地的泰康人寿创新事业部，在业内被认为是一个有"互联网基因"的部门。

"求关爱"是泰康人寿对保险产品社交化首次尝试，其中最明显的创新之处在于"求关爱"的社交意义——社交"圈子"内的朋友每支付1元，就可以帮助投保人提升1000元保额。"求关爱"的最大特点在于贴近了移动互联时代保险产品的社交化属性，是根据微信这一平台"量身定制"而成的，能够带动保险回归互助的本质。与此前的互联网渠道销售产品的宣传重点不同，"微互助"附加的社交属性，是吸引消费者注意力的关键。"微互助"产品的利润率并不高，主要目的是打通线上销售渠道，以后可以通过该渠道销售更多产品。

以微信和微信支付的发展态势来看，微信有望成为保险销售的新平台。产品社交网络化将帮助保险公司在市场上占有更多的主动权。如果能够将传统保险业和互联网新技术结合起来，将会给保险业带来新的增长动力和空间，摆脱传统发展模式遇到的瓶颈。

三、好人险：小白保险

好心扶起摔倒的老人却面临被讹诈、起诉的风险，使得"扶不扶"一度成为社会热议的话题。就国内现有个人责任险产品而言，大都是将个人责任险作为附加险，附在主险意外险的后面。一般而言，意外险主险的保额在十万元左右，附加个人责任险保额是5万元，这也就意味着专门购买个人责任险的保费较高。

2015年5月，一款以做好事被起诉为保障标的、名为"好人险"的个人责任险通过微信平台向用户免费发放。根据产品提供方解释，假如保险人扶起摔倒的老人，一旦涉诉，无论最终法院裁定保险人胜诉或败诉，其律师费用和诉讼费由保险公司支付（额度最高5万元）。而用户在获得为期一个月的免费保险之后，可以选择众筹或独资的方式，向第三方保险平台缴纳9.9元，即可升级为一年期的保障。"好人险"的推出，引发了社会各界对于该产品的关注，而其幕后推手小白保险，则是布局移动端的第三方互联网保险中介平台的新兵。

在"好人险"推广的过程中，作为一家互联网公司，小白保险也尝试采用线上邀请各界人士关注、转发的方式。可以发现，正是其主打社交牌，产品推出4天就有超过8万人免费领取了"好人险"，其中80%的用户采用了朋友圈众筹的方式将保障升级。

通过手机移动端进行保险销售，需要结合一定的场景打造碎片化、简易化、定制化的产品，需要将传统渠道中打包售卖的产品进行拆分，提供满足客户在特定场景中的碎片化的产品。例如，搭乘飞机的时候需要延误险、网上购物时需要的退货险等。20世纪80年代左右出生，已逐渐步入家庭生活的人群是小白保险的目标受众，而传统复杂的保险产品已经不符合网络时代的发展趋势。小白保险作为一名"新兵"，选择通过移动端进行业务推广。移动端对网销保险最为直接的改变，就是更需要在信息处理上做到简易化。"好人险"在微信支付时仅需要提供被保人信息，在推广中也回避了其中的意外险成分，以减少用户的误解。

四、跑步＋社交＋保险：星运动和步步保

消费者在投保传统的健康险时，保险公司往往会参照消费者的年龄、性别、病史等基础信息。随着可穿戴设备以及运动APP的普及、运用，记录运动的数据隐藏着商业价值，能反映消费者的健康状况，这便为互联网健康险产品带来切入口。

跑步这项具有社交属性的运动得到了保险公司的关注，保险公司将传统的保险产品嫁接于其中，再通过消费者的运动情况，对产品进行动态定价。于是，互联网时代下的新型运动保险应运而生，投保的消费者能够享受一份重大疾病保险保障，每天的运动量将影响保费的高低。

2014年以来，保险公司和互联网保险公司纷纷试水互联网运动保险。

其一，星运动：获得3颗星即达标，按达标天数返还保费。2014年7月，阳光保险集团与北京耀华公司联合研发了新型健康保险产品"阳光星运动健康管理计划"，客户一年运动累计超200天，可免费享受高额重疾险保障。通过10万人的运动步数与身体指标的跟踪分析，发现保持健康的关键是运动的"持续时间"和"运动强度"，消费者每天运动达到"3颗星"就算达标。在"星运动"保险中，消费者要先交保费，事后保险公司根据消费者的运动量返还保费。

其二，步步保：完成设定跑步目标，获得抵用券抵扣保费。2015年8月，

国内首家互联网保险公司众安保险携手小米运动与乐动力 APP，推出可穿戴设备与运动大数据结合的健康管理计划——"步步保"。以用户的真实运动量作为定价依据，用户的运动步数可以抵扣保费。进入步步保界面后，会有3个不同档次的运动量等级，用户需自行选择。"步步保"的保障周期是 1 个月，投保次日是每个月的固定结算日，步数每达标 1 天，下月结算时就可以多免费 1 天。消费者最开始会有 1 个月的免费体验期，只要完成预先设定的运动量，就可以获得对应的保费抵用券，这与"星运动"先交保费事后返还的机制有所不同。

如果除去返还或优惠措施，单从产品费率来看，上述两款运动保险的保费是很便宜的，最低日均不足一元。保险公司在让利消费者的同时，也为消费者提供"赚取"达标天数的机会。1 个月后，如果消费者还要玩，那就得按照上个月的达标天数来计算保费。保险公司还规定，如果连续 7 天达标，消费者还可以获得 1 张优惠券，但每次结算仅限使用 1 张。对于消费者而言，这类运动保险的核心作用是将运动与保险费用结合起来，像做游戏一样，达到激励用户坚持运动的目的。

第三节　从平安到众安，保险的社交化创新

一、平安集团的金融板块布局

中国平安集团是国内首家拥有全业务牌照的金融控股集团，平安集团旗下子公司包括平安寿险、平安产险、平安养老险、平安健康险、平安银行、平安证券、平安信托，平安大华基金等，涵盖金融业各个领域，已发展成为中国少数能为客户同时提供保险、银行及投资等全方位金融产品和服务的金融企业之一，如图 7-2 所示。

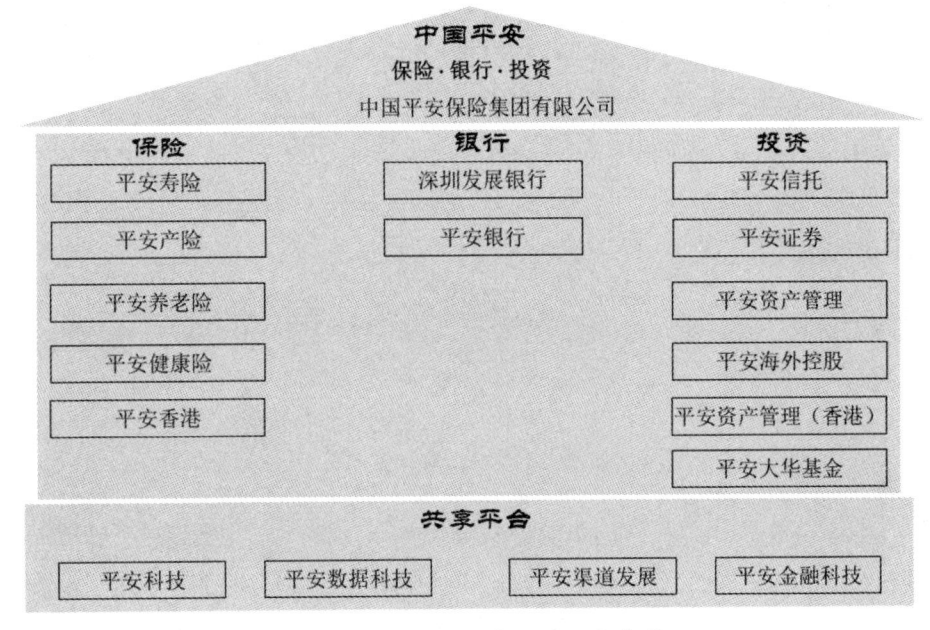

第七章 社交保险——从线下关系到线上网络

```
                        中国平安
                    保险·银行·投资
                 中国平安保险集团有限公司
┌──────────────┬──────────────┬──────────────┐
│    保险       │    银行       │    投资       │
│  平安寿险     │  深圳发展银行  │  平安信托     │
│  平安产险     │  平安银行     │  平安证券     │
│  平安养老险   │              │  平安资产管理  │
│  平安健康险   │              │  平安海外控股  │
│  平安香港     │              │  平安资产管理（香港）│
│              │              │  平安大华基金  │
├──────────────┴──────────────┴──────────────┤
│                 共享平台                     │
│  平安科技   平安数据科技  平安渠道发展  平安金融科技 │
└────────────────────────────────────────────┘
```

图 7-2 平安保险集团的业务布局

平安保险于 1988 年在深圳蛇口以保险起家，是中国第一家股份制保险公司。如今，平安集团覆盖保险、银行、投资三大领域，服务客户超过 8000 万。互联网金融这种新型金融模式对传统金融行业带来了一定的影响，面对互联网金融的"挑战"，平安集团"主动出击"，积极布局互联网金融，利用互联网的优势超越其他大型金融集团。

第一步："倒三角"策略，网罗客户，增强黏性。

平安集团设计了"倒三角"的布局，底层是平安的自有产品，包括传统的保险、银行业务，中间层售卖第三方平台产品，而最上层则是合作单位的应用，如婚恋网站、社交网站等，如图 7-3 所示。"倒三角"的布局可以在最大程度上网罗客户，增加客户黏性，让现有客户不再流失，并不断吸引新客户，并将其他平台客户转化为平安自有客户。"倒三角"策略涵盖了个人生活的方方面面，将金融融入"医、食、住、行、玩"的生活场景中，以漏斗形状来获取客户。

145

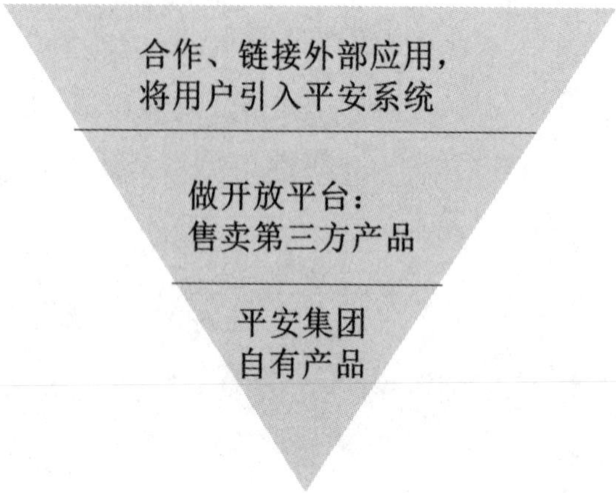

```
         ▽▽▽▽▽▽▽▽▽▽▽▽▽▽▽▽▽
          合作、链接外部应用，
          将用户引入平安系统
           ▽▽▽▽▽▽▽▽▽▽▽
            做开放平台：
            售卖第三方产品
             ▽▽▽▽▽▽▽
              平安集团
              自有产品
```

图 7-3 "倒三角"策略

对于自有平台，平安集团将传统金融与移动互联网、大数据、云计算等高科技手段相结合，打造银行、保险、信托等"一账通"服务，并将传统金融网络化。如平安直通保险网站，客户就可以通过互联网直接以低于传统渠道 15% 的价格购买保险；中间层以陆金所为代表，在这个交易平台上交易各种金融产品，并开展二级市场，配备第三方支付工具；最外层则不局限于金融，而是涵盖生活的各个方面，如通过二手车交易平台掌握相关数据，并将这部分客户迁徙到车险的客户上，即平安好车的主要业务。

第二步：全面布局互联网金融。

平安旗下有 24 家子公司，拥有银行、证券、保险、信托、期货、基金、融资担保以及融资租赁以及第三方支付牌照，涵盖保险、银行、投资三大领域。

2013 年平安集团年报披露：平安金融立足于社交金融，通过布局陆金所、车市、支付、万里通、移动社交金融等业务，为客户带来简单、便捷、安全、全面的服务。具体包括：非标准资产交易平台陆金所中的 P2P 业务交易额超过四百亿元，成为网贷平台的领跑者；作为积分互通平台，万里通可以将合作平台的积分统一化，实现"积分不浪费，积分当钱花的"目标，其积分商圈规模从 2012 年底的 0.5 万家迅速增至 20 万家，涵盖淘宝、天猫、1 号店、京东等电商平台，可以兑换成星巴克、哈根达斯等线下产品或服务，拥有超过六千万用户；平安好车以"帮买二手车"为业务切入点，提供二手车资讯、车辆检测、车险和车贷等金融服务；拥有第三方支付牌照的平安付成功推出移动支付工具"壹钱包"，可以在线上、线下支付并获得万里通积分，还能利用"活钱宝"进行现金增值管理；平安科技推出了"天下通"移动社交金融门户，用户与金融圈的朋友沟通交流，获得理财诀窍和热门金融产品信息。

二、从 330 个生活场景到众安保险

平安集团的互联网金融立足于社交金融，围绕客户的衣食住行玩，建立五大平台，将金融嵌入生活之中，开展平安社交金融1333战略（依托1个钱包：壹钱包；实现3大功能：管理财富、管理健康、管理生活，逐步推出333项生活场景应用）。

作为保险起家的平安，健康保险是其做社交金融的一个重要切入口。2013 年 9 月，中国平安确立"客户迁徙"战略，将寿险客户迁徙到银行、银行客户迁徙到财富管理、非金融客户迁徙到金融领域。为此，2013 年平安建立了客户价值分群体系与大客户数据分析平台，推进客户迁徙。与百度签署了"联合发展计划"，在数据研究、消费者洞察、品牌建设、产品创新、营销模式等领域进行合作。而后推出了一系列业务，包括实现支付购买功能的金融商城24财富上线、推出"平安好车"进军二手车电商市场等。

2013 年 11 月，众安在线财产保险股份有限公司（简称"众安保险"）正式开张。众安保险是国内首家互联网保险公司，由蚂蚁金服、腾讯、中国平安等企业发起设立。众安保险从筹建之初就备受市场关注，估值逾五百亿元，首轮增资额度近六十亿元。众安保险业务流程全程在线，全国均不设任何分支机构，完全通过互联网进行承保和理赔服务。众安保险的定位是服务于互联网生态，致力于做互联网生态的保险、技术驱动的保险以及空白领域的保险。与传统保险产品追求"大而全"截然不同的是，众安保险诸多产品是基于互联网生态圈场景满足"碎片化"的保障需求。

众安保险不断扩容新型险种，仅 2015 年 8 月份就有 4 款产品发布。8月 17 日，联合支付宝、航联嗨悠游推出国内首款嵌入到支付宝消费场景中

的航延险，采取叠加式赔付方式，延误一分钟开始赠送集分宝。随后，8月20日，推出国内首款与可穿戴设备及运动大数据结合的健康管理计划——步步保，以用户的真实运动量作为定价依据，运动步数还可以抵扣保费。8月26日，推出国内首款互联网法律诉讼维权保险——维小宝，保费低至9元。8月31日，联手大疆创新共同推出了首款针对大疆无人机售后服务计划。依托于各类互联网场景，众安保险已上线产品近二百款。

三、三步走，平安天下通深耕社交网络

2014年年初，平安宣布开始社交金融战略。平安集团将"金融行业的微信"作为其探索"社交金融"的试金石，而承载平安集团这一任务的就是"平安天下通"。平安天下通是首款金融行业即时通讯应用，具备即时通讯软件免费通讯。在产品形态上与微信的设计比较相似，支持好友文字和语音聊天、免费通话功能、朋友圈分享，同时还设有公众号功能，几乎涵盖了平安旗下的所有产品。除社交外，平安天下通还为客户提供平安旗下的金融类服务，比如信用卡管理、活动优惠和服务发现等功能。

平安天下通是平安综合金融战略在移动互联网上的主要载体。平安拥有全金融牌照，旗下有保险、银行和投资这三大主营业务，又各自有无数细分产品。如果在APP商店内搜索，会发现平安旗下有二十多个独立APP可供下载，每个APP对应的是平安旗下的一门业务产品。而在平安天下通中，这些业务都是以一个个独立的公众号的形式展现的。平安天下通的作用是打通这些相互之间独立的服务，在一个平台上实现信息互通。然而，这个产品出现并非只是为平安旗下众多金融产品提供一个展示窗口。平安天下通最终目的是汇聚尽可能多的用户到平台上来，只要用户使用了平安旗下的金融产品，平安就可以通过客户经理与用户在平安天下通聊天、构建基于金融这一共同兴趣的社交网络、基于数据分析的服务推荐来销售旗下其它的金融产品。

平安天下通推出一年多时间后，确定产品的定位是"连接"，连接的对象就是人。平安集团董事长马明哲也在很多场合都强调过社交网络的重要性，并提出过"社交金融"的规划。具体而言，平安天下通的社交金融之路有三

个步骤，如图7-4所示。

- 内部员工沟通和交流的工具
- 客户和客户经理之间沟通交流的工具
- 作为一个金融社交工具，非平安产品的用户也使用

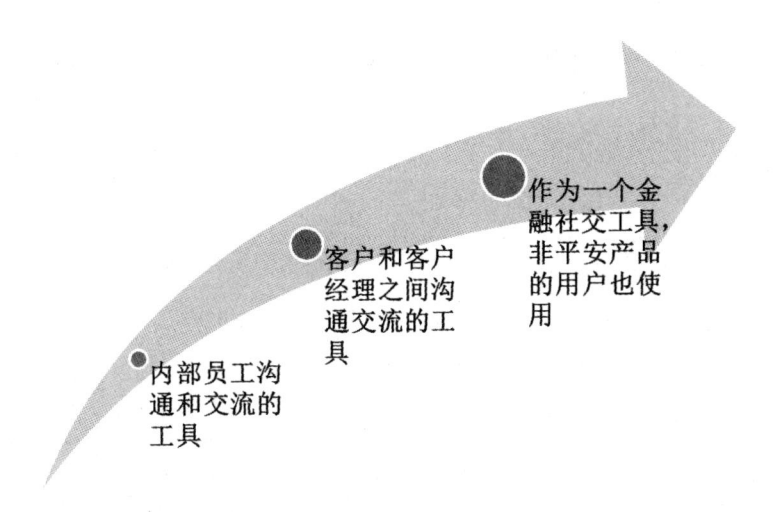

图7-4　平安天下通的三步走

第一步，平安天下通成为内部员工沟通和交流的工具。平安内部员工有二十万左右，这些都是平安天下通的种子用户，平安天下通在平安员工内部起到的是轻型移动办公工具的功能。

第二步，由客户经理等内部人员推荐给平安的客户使用，将其作为客户和客户经理之间沟通交流的工具。平安通过自己的渠道优势（线下门店、客户经理、互联网传播等）向平安客户推广这个产品。如果是平安集团产品的客户，与相关客户经理的交流是避免不了的，而平安希望客户和客户经理之间的交流在平安天下通上进行。现实中，客户也不太愿意在自己的熟人社交网络（如微信）里添加客户经理，而平安天下通正是一个专门用于金融业务的交流平台。整个平安集团旗下有着8000万客户，这些客户通过传统方式已经与客户经理建立了联系，而转移到移动端之后，一个客户经理就可以直接服务1000个用户。从2015年开始，平安天下通依靠平安的各个渠道、官网、发卡办卡等方式进行推广，平安信用卡的各个渠道也都能看到平安天下通的宣传。

第三步：使非平安产品的用户也使用平安天下通。通过一系列的增值服务及现有用户的带动，将非平安的用户也吸引到平安天下通上来。这是

实现平安集团"金融社交"的最为关键的一步。平安天下通具有工具性，因此，前两步对于平安而言并不困难。而想要真正成为一个社区，平安天下通需要完成由"具有社交功能的金融工具"到"金融类的社交工具"的进化。

在已有用户的基础上，平安天下通逐步加入垂直社区的元素。在一级入口中，有"互动区"和"问理财"两个模块。互动区是一个小型的论坛，包括理财交流、天下通杂谈、信用卡生活等子板块，在这些板块中用户可以提出相关问题和发表观点，其他用户跟帖讨论，讨论的话题可以是理财方面遇到的问题，也可以是投资经验和金融产品的分享。"问理财"是一个理财投资者社区，有用户在上面发问某个平安产品的情况，也有人询问炒股建议。官方根据用户的讨论整理了"理财百科"来帮助用户方便查询。未来，用户不但能在平安天下通中获得客户经理的支持，在"服务窗"中管理信用卡、发现平安旗下的其它产品，还能够在"问理财"和"互动区"中找到兴趣相投的网友，询问理财建议，逐渐形成一个关于理财和金融产品的社交网络。而这一切都是以通讯和社交为基础的，当两个人成了好友，就可以随时在平安天下通中交流理财相关的知识，甚至在各自的朋友圈中查看彼此的分享。与微信不同的是，这里的一切都只与理财和金融有关。因此，第三步是为了实现用户和用户之间的沟通。

第四节　腾讯，从连接一切到医疗保险

一、"互联网+医疗"的"贵州模式"

2013年，全球约有三亿八千两百万成年人患有糖尿病，其中中国的糖尿病患者人数居全球之首，调查统计人数为1.14亿。国际糖尿病联合会估计，到2030年中国糖尿病患者将增加四千多万，达到1.54亿人，每年的医疗费用将达到 280 亿美元。

2012 年开始，依托微信等众多产品，腾讯积极布局互联网医疗领域，先后在全国数千家医院推出了微信预约挂号、缴费、候诊等服务。2015 年 5 月，腾讯与贵州省卫计委、贵州百灵公司，达成了"贵州慢性病防控计划"战略合作，开启"互联网+医疗"的尝试。

对于居住与偏远山区的村民而言，治疗慢性病比治疗急性病更加不方便，也更昂贵。专职医生都在镇上卫生所，每次看病配药都得翻山越岭，不少患者都无法坚持日常的跟踪治疗。糖尿病患者由于对血糖情况掌握的滞后，不少患者小病渐成大病。2015 年 11 月，腾讯与贵州百灵公司在贵州省绥阳县率先展开试点，免费为当地 1500 名患者免费发放糖大夫血糖仪和试纸。糖大夫血糖仪接入了互联网服务，让血糖数据可实时记录、查询和预警，子女也能通过微信实时了解父母血糖情况，帮助糖尿病患者管理病情。

贵州省卫计委、腾讯公司和贵州百灵公司还共同成立了贵州省糖尿病防控信息中心。通过中心的大数据分析系统，医疗团队可清晰、及时地了解到患者的健康状况，提供远程监测、预约诊疗、在线医嘱等服务。

患者只要坚持在家测试血糖，就能得到慢性病防控中心远程的"初诊"治疗。根据患者上传的血糖指数，慢性病防控中心数据库内形成个人血糖指数档案，并自动进行内部初诊分级。例如，当患者出现血糖明显高于指标时为一级响应，防控中心必须在五分钟内与患者取得联系，而连续三次出现血糖超过指标则为二级响应，防控中心内的客服会当天与患者进行电话联系，提醒他们数据上的异常。同时，这套数据也会传输至相关医生处，由医生与患者进行直接沟通，督促或指导患者治疗，如图 7-5 所示。

贵州省糖尿病防控信息中心已有 49 名专业的健康管理专员，主任医师 2 名，副主任医师 5 名，主治医师 1 人，所服务的患者已覆盖贵阳、绥阳、安顺等多个县、市，2015 年累计发出一万多条医嘱。基于大数据分析系统，绥阳县中医院内分泌科 5 名医生、6 名护士与基层医务人员组成的分级诊疗网络，能够及时、有效地看护当地一千五百多名糖尿病患者。贵州省糖尿病防控信息中心还将乡镇医生管辖区域的患者健康数据同步给二甲以上医院的医生，帮助基层医疗团队分析、解决诊疗问题，提升就医水平。

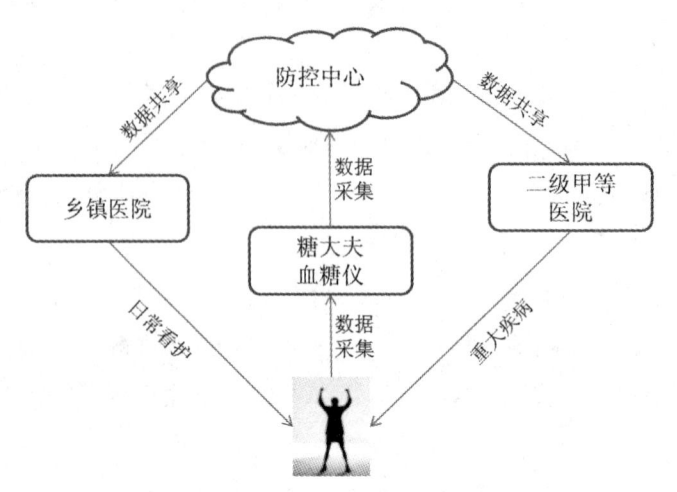

图7-5 "互联网+医疗"的"贵州模式"

截止2016年3月，贵州省已有6个市、县引入试点，覆盖贵州近万名糖尿病患者，形成了当地政府牵头监督、地方医疗资源开展诊疗服务，由腾讯提供医疗智能硬件与大数据技术互联网+慢病管理的"贵州模式"。

二、"腾爱医疗"的医保模式

2016年3月25日，在"互联网+慢病管理"贵州模式发布会上，"腾爱医疗"战略正式启动，这是腾讯在"互联网+医疗"上的正式发力。

"腾爱医疗"旨在利用腾讯强大的社交基因和大数据能力，搭建"互联网+医疗"开放平台，为医疗产业提供互联网化的后端服务，打造中国医疗产业与互联网的连接器。移动端医生APP"腾爱医生"也在发布会上亮相。

以试点成功的"贵州模式"为基础，腾讯系统形成了"腾爱医疗"的战略愿景。即由智能终端、医生平台、定位于"健康基金+医保"的互联网金融三项核心业务构成，并通过与医院、医疗机构及地方政府的紧密合作，共同建立包括电子病历、健康档案等在内的大数据开放平台，为医疗产业提供互联网化的后端服务。

医保是"腾爱医疗"战略的重要组成部分，而这项服务在2015年就开始布局。

2015年11月19日,腾讯、丁香园、众安保险宣布进行商业合作,推出"互联网+医疗金融"服务。糖大夫是大数据和服务的承载终端,丁香园和众安保险则是服务提供方与数据应用方,三家撬动健康监控、病患管理和医学研究等多方资源,构建"患者管理、科学研究、医保应用"的稳定架构,如图7-6所示。

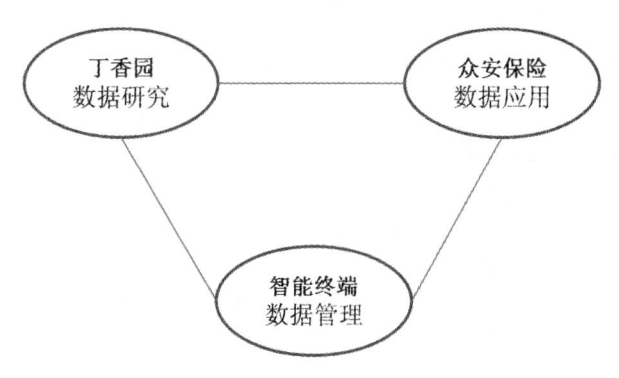

图7-6 腾讯医疗的医保模式

在腾讯与丁香园合作层面,腾讯的糖大夫作为智能终端连接丁香园的在线即时诊疗和健康管理服务,为患者提供及时、个性化的专业医疗支持,并形成大数据积累,推动医学界进行血糖相关科研。如收集更多的患者及疾病数据,整合产业链的其他医疗相关合作伙伴数据源;分析和挖掘更科学的、

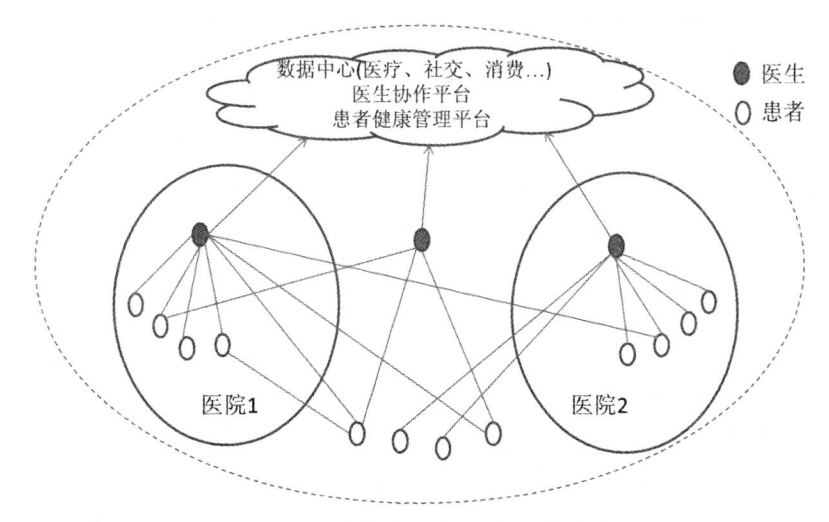

图7-7 "腾爱医生"的服务模式

更具针对性的糖尿病疾病控制方案；帮助患者与医生形成有效的互动机制。丁香园将积累的中国糖尿病患者群体地域、年龄、用药、生活习惯等大数据共享给医学界，助力临床研究，以探索糖尿病管理的有效模式。

众安保险与腾讯糖大夫一起建立长期的用户健康数据，进而提供更为精细化的风险管理服务与更为精准的保险服务。糖大夫基于患者的大数据管理，与众安保险共同推出针对患者的康复激励保险服务，提供糖尿病并发症保险支持，并根据患者测量习惯，给予患者相应的保额奖励。

三、共享医生资源，提供高效服务的"腾爱医生"

"腾爱医生"是腾讯内部孵化的移动端产品，旨在破解医疗资源配置不均、数据孤岛以及人才培养的困境。"腾爱医生"定位于做医院、医生与患者之间的连接器，重点解决医患之间的沟通问题，帮助患者和医生构建一个信任通道。

腾爱医生提倡"每位医生都应该有自己的品牌"。医生可认证个人或团队公众号，并通过"腾爱医生"APP快速定制公众号主页，编写从业履历与专业信息，将自己的品牌直接展示给患者。使患者建立起清晰的认知，根据自身病状快速找到最合适的医生，并在微信上自发扩散优秀医师或团队的口碑。同时，"腾爱医生"APP提供有安全和隐私保障的即时通讯功能，让患者与医生随时随地直接对话。医生使用即时通讯功能与患者随时随地对话，通过信息透明赢取患者的信任，在建立良好医患关系的基础上提供长期、高效、顺畅的诊疗服务。就诊前，患者可向医生反馈病情、咨询建议，医患双方进行初步沟通与了解。就诊后，医生也可第一时间跟踪患者病情变化，并在APP上安排复查、预约加号、安排手术等，有效提升诊疗效率，如图7–7所示。此外，"腾爱医生"APP还为不同专业领域的医生定制了患者数据分析后台与团队协作工具。医生可以为每个患者定制专属的健康档案，长期跟踪和研究患者健康数据，为病人持续提供院外指导。医生之间也可通过"腾爱医生"APP进行线上会诊，提升协作沟通效率。

医生集团又称为"医生执业团体"或者"医生执业组织"，是由多个医生团队组成的联盟或者组织机构，它属于医院或独立的医生组织。2016年3月10日，腾爱医生平台与国内9大医生集团签约，9大医生集团入驻腾讯"腾爱医生"平台。包括：张强医生集团、冬雷脑科医生集团、私人医生工作室集团、沃医妇产名医集团、宇克疝外科医生集团、永春男士整形医生集团、旭光口腔颌面外科医生集团、泓心医生集团和弗阁笙女性健康。这些集团涉及到脑科、血管外科、心血管、妇产科等各个专业领域，共数百名专业医生，全面覆盖医疗系统。

第八章
社交银行——从平台逻辑到万物互联

随着社交平台的发展，商业银行也开始积极利用社交媒体进行品牌建设，依托社交网络的微众银行、背倚电商小微企业的网商银行以及依托平安集团金融全牌照的平安银行则是社交银行领域的杰出代表。

本章导读

社交网络时代的银行业
银行的"社交网络+"创新
社交银行的三足鼎立

第一节　社交网络时代的银行业

一、从做平台到拥抱互联网

在大多数国家，银行都是特许经营的行业，开办银行都必须具备一定的资质，必须获得监管部门的许可。一直以来，国内法律虽未禁止民间资本发起设立银行，但对这一点一直不够明确。民营资本进入银行业主要是通过改制、参股形成的，直接发起设立的不多。这种进入壁垒，一定程度上为现有银行带来了不完全竞争的超额利润。长期以来，银行充当着借贷双方的平台，通过剪刀差的逻辑获取利润。这种"保护机制"影响了中国商业银行的创新能力，而不创新本身就是一种倒退。相对于国有企业，小微企业规模较小，大都没有抵押物，其厂房、设备等大都需要贷款来置办或租赁。在不完全竞争市场条件下，银行对小微企业投资的激励不足。

十八届三中全会特别提出——"在加强监管前提下，允许具备条件的民间资本发起设立中小型银行等金融机构"，是从顶层政策上进一步明晰这个问题，彰显了坚持市场化改革取向的决心。2015年6月22日，中国银监会发布的《关于促进民营银行发展的指导意见》首次对民间资本进入银行业的基本原则、准入条件、许可程序、监管要求做出了明确规定。其中明确民营企业必须以自由资金投资，应满足"最近3个会计年度连续盈利，年终分配后净资产达到总资产30%以上，权益性投资余额不超过净资产50%"的条件。

随着互联网经济的快速发展，金融服务从实体扩大到以互联网为中介进行的各种金融服务活动，诞生了新的互联网金融。互联网金融是在实体金融服务活动运作模式、市场以及流程上的巨大创新，也是网络信息技术快速发展的必然结果。所谓互联网银行，是指借助现代数字通信、互联网、移动通信及物联网技术，通过云计算、大数据等方式在线实现为客户提供存款、贷款、支付、结算等全方位无缝、快捷、安全和高效的互联网金融服务机构。

2014年3月11日，中国银监会揭开了首批5家民营银行试点方案出炉的全过程。首批获批的10家民营资本，按照不少于2个共同发起人的试点要求，两两配对，组成了首批5家民营银行。

表8-1　5家民营银行开业进度

银行名称	获批筹建	获准开业	正式开业
深圳前海微众银行	2014年7月25日	2014年12月12日	2014年12月16日
温州民商银行	2014年7月25日	2015年3月20日	2015年3月26日
天津金城银行	2014年7月25日	2015年3月27日	2015年4月27日
上海华瑞银行	2014年9月26日	2015年1月27日	2015年3月3日
浙江网商银行	2014年9月26日	2015年5月27日	2015年6月25日

深圳前海微众银行：以"普惠金融"为理念，主要面对个人或企业的小微贷款需求。利用互联网平台开展业务，与其他金融机构合作开展业务。微众银行引入了国家级的银行风控体系，并在此基础上导入腾讯在互联网领域的技术能力，运用大数据等技术，进行业务风控。

温州民商银行：温州民商银行的总股本为20亿元，股东全部是温州本土发展起来的民营企业，由正泰和华峰作为主发起人，向银监会提出申请的股权比例分别为29%和20%，合计49%。温州民商银行的定位于主要为温州区域的小微企业、个体工商户和小区居民、县域三农提供普惠金融服务，为实体经济发展提供高效和差异化的金融服务。

天津金城银行：核准注册资本为30亿元，由天津本土民营企业天津华北集团有限公司和麦购（天津）集团有限公司作为主发起人，联合其他14家民营机构共同筹建。

上海华瑞银行：由均瑶集团、美邦服饰作为主发起人，分别持股30%和15%。该行专门设立"科创金融服务中心"，积极与沪上知名VC机构合作，共同推进投贷联动模式的探索，首笔5000万元科创型企业融资已于2015年5月5日落地。运用创新与传统相结合的风控手段，为上海云健康"基因工厂"定制专属融资方案。

网商银行：主要发起人蚂蚁金服、上海复星、万向、宁波金润四家股东，持股比例分别为30%、25%、18%、16%，注册资本为40亿元。网商银行的股东都在业内大名鼎鼎，除了马云和蚂蚁金服的CEO彭蕾，还包括复星集团董事长郭广昌、万向集团总裁鲁伟鼎、银泰集团董事长沈国君、巨人集团董事长史玉柱和金字火腿董事长施延军。

不仅互联网公司纷纷进军互联网银行，传统银行也一直积极的进行着"互联网+"。

2013年以来，中国大型银行、中小银行等都开始建立自己的电商平台和生活平台，开始积累和搜集客户的购物和消费等方面的数据，并开始探索网上征信和完善风控体系。

2014年以来，银行机构纷纷建立自己的P2P网贷平台、推出"宝宝类"等互联网金融产品，其中部分产品的收益率和流动性比一些互联网企业提供的同类产品要好。

2015年以来，传统银行开始积极主动地实施"银行+互联网"发展战略或行动规划，不仅大型银行在快速行动，而且，股份制银行和地方中小银行都在快速跟进。

2016年2月25日，工、农、中、建、交五家银行在北京举行"加强账户管理，推进普惠金融"联合签约及新闻发布仪式。五大行联合表示，将对客户通过手机银行办理的境内人民币转账汇款免收手续费，对客户5000元以下的境内人民币网上银行转账汇款免收手续费。

二、社交网络时代的社交银行

随着互联网时代的到来，银行的经营理念也转为以客户为中心，为客户创造价值。因此，国内外一些商业银行积极利用社交媒体，通过视频和口碑传播进行品牌建设。于是，Social bank（社交银行）逐渐在全球走热，许多银行纷纷将此作为服务的核心理念、渠道及组织结构转型的契机。

社交银行是指提供嵌入社交功能的银行服务，是一种个性化的银行服务营销流程，促使人们和商业企业能够与其所服务或投资的对象进行交流。

银行对于社交媒体的尝试主要有三种形式：一是与大型社交网站合作，建立共赢平台，比如招行和人人网的合作，这种方式风险比较小；二是在自己的平台构建"金融社区"，主要用于粘住用户而不是推销产品；三是建立类似社交中介平台，在这个平台上，每个人可以提供不同的信息，也允许以个人方式贷款，银行只是起到中介平台的作用。

国内外很多银行都开始了社交银行领域的实践。

1. 美国运通银行（American Express Bank），很早就开始社交网络的推广和运营，不断加大在社交网络的品牌影响力和各种营销活动。美国运通自己搭建社交平台，关注与客户的社交互动，提供巨额奖励和推广活动凝聚粉丝核心群体，如举办为Facebook主页点赞有奖活动。

2. 澳大利亚的本迪戈和阿德雷德银行（Bendigo and Adelaide Bank）创立了plan big网站，借助社交网络的优势，建立用户关系和相互支持，帮助用户实现梦想。

3. 英国合作银行（Co-operative Bank）在2011年推出Join the Revolution项目。项目包括：保持社区繁荣、保护环境、支持Co-operative、激励年轻一代、解决全球贫困问题和责任金融。活动网站会精选案例视频，鼓励会员构思新的"Revolution"来赢取5000磅经费，鼓励参与者去推广自己。该活动有42000用户注册，吸引了26000个Facebook用户，网站有400000次浏览，有超过二十个关键词在Google搜索中排名第一。

4. 美国的花旗银行（Citigroup Bank）推出了一个基于 Facebook 的第三方应用程序，让银行用户在 Facebook 上转让自己的积分。当用户将自己的积分账户同 Facebook 上的应用绑定后，就可以通过第三方应用创建一个"积分池"，然后号召自己在 Facebook 上的好友或家人来捐献自己的积分。

5. 汇丰银行开设了学生 Facebook 主页，核心内容是助学金竞赛。从 2010 年起，汇丰银行将连续举办 12 年的"学生助学金竞赛"搬到 Facebook 上。2011 年，全部参赛视频有 3000 次留言和 4000 次投票，有效地推广了汇丰银行的品牌。

正如国外银行纷纷与 Facebook 展开合作一样，微信成为国内银行业布局社交银行服务的首选平台。

"微信银行"是中国银行业融入社交媒体的重要载体，微信是属于强社交关系，是基于手机通讯录、QQ 好友等熟人关系圈子的强社会关系链。微信可以发送文字、图片、语音、视频信息，无需支付费用，可节省运营成本。通过微信，只要扫一扫二维码添加银行为好友，即可与银行服务账号实时对话，提交业务咨询和业务需求。通过微信渠道，银行可以主动了解用户的需求，主动推送银行服务。"微信银行"可以与银行物理网点、手机银行、网上银行协作互动，提供附近网点查询、网点预约排队、业务预填单等服务，还可以在"微信银行"中提供手机银行入口，用户跳转到手机银行办理业务。

第二节 银行的"社交网络+"创新

一、四大国有商业银行的"社交网络+"

在客户需求日益多元化、个性化、碎片化，物理网点受制于成本等因素难以迅速扩展的情况下，通过发展互联网金融促进银行转型的重要性更加凸显。近年来，四大国有商业银行通过运用互联网技术，不断加强电子渠道建设，通过强化线上渠道的获取客户及经营能力，提升一体化综合服务优势。目前，各行均已基本建成由网上银行、手机银行、电话银行、"微信银行"等构成的全方位电子银行服务体系。与此同时，各行电子银行的定位正在从简单的交易渠道，向营销新媒体和销售新渠道转型。服务定位则从产品功能的提供，向客户体验的全面提升转型，从银行辅助渠道向新的银行经营模式转型。

1. 中国银行

中国银行紧跟互联网发展趋势，高度重视社交媒体应用，于2013年1月推出微信公众账号，为广大客户提供即时便利的亮点产品、优惠活动、金融资讯等服务。在此基础上，2014年初，中国银行利用微信平台成功研发并推出了微银行服务，拓展了线上服务渠道，为客户提供灵活便捷、专业高效的交易及资讯服务。中国银行"微银行"包含"微客服"、"微信贷"、"微理财"、"微支付"、"微生活"和"微购物"等六个服务模块，实现小额信贷手机在线申请、审批、放款、还款，7×24小时全天候理财咨询，账单余额和明细查询，手机平台转账汇款等功能。中国银行"微银行"与微信、易信等社交媒体充分融合，用户在微信或易信平台搜索并关注"中国银行微银行"公众账号，即可实现在线信息推送、互动交流、金融服务等功能。

2014年11月，中国银行推出刮刮乐活动，粉丝在微银行"微生活—幸运抽奖"页面参加"刮刮乐"活动，每日有3次刮奖机会，每次刮奖可随机获得一定量的"微豆"奖励。每日刮奖机会用完后，粉丝可将活动页面转发给朋友，请朋友帮忙刮豆。每个参与活动的粉丝在帮助朋友刮"微豆"的同时，自己也可以获得相应的"微豆"奖励。粉丝刮出的"微豆"累积到一定数量后，即可兑换相应的奖品。在活动期间，中国银行微银行粉丝数增长超过十二万户，粉丝活跃度明显增强，取得了显著的营销宣传效果，新媒体服务渠道的影响力得到进一步提升。"刮刮乐"活动充分利用了社交媒体人际传播，互助分享的特征，成功激发了粉丝的参与热情。

社交金融不仅要利用好线上社群，还要服务好线下的不同人群。中国银行针对不同人群，开展具有针对性的服务。如对大学生群体的校园金融服务，对社区商业的智能化解决方案和对社区居民的自行车办卡业务，对患者和老年人的健康与养老服务，对小微企业提供的创业金融服务，以及对三农提供的农村金融服务，如图 8-1 所示。

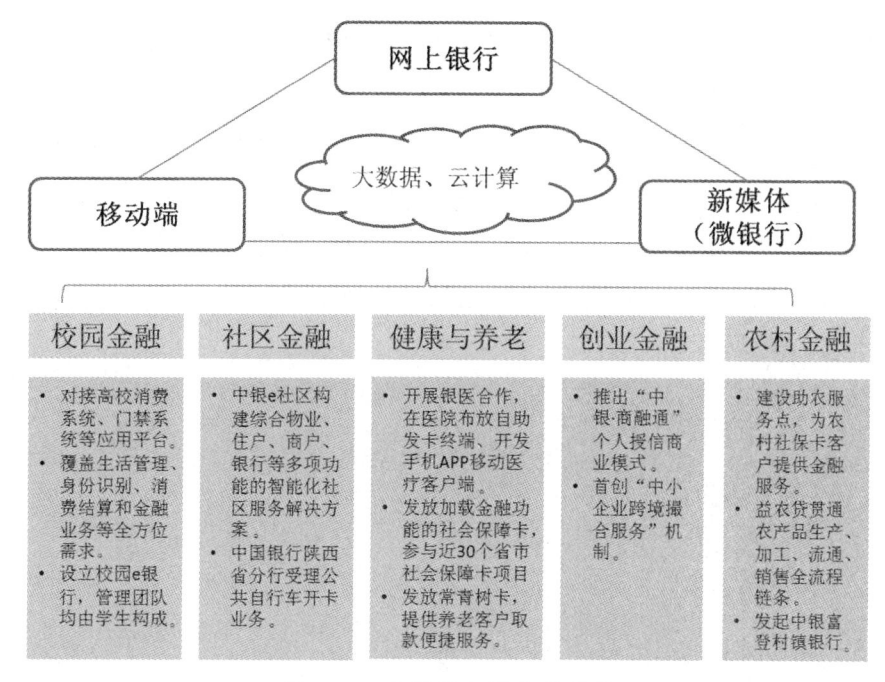

```
                          网上银行
                            /|\
                           / | \
                          /  |  \
                    大数据、云计算
                    /            \
              移动端              新媒体
                                 （微银行）
```

校园金融	社区金融	健康与养老	创业金融	农村金融
• 对接高校消费系统、门禁系统等应用平台。 • 覆盖生活管理、身份识别、消费结算和金融业务等全方位需求。 • 设立校园e银行，管理团队均由学生构成。	• 中银e社区构建综合物业、住户、商户、银行等多项功能的智能化社区服务解决方案。 • 中国银行陕西省分行受理公共自行车开卡业务。	• 开展银医合作，在医院布放自助发卡终端、开发手机APP移动医疗客户端。 • 发放加载金融功能的社会保障卡，参与近30个省市社会保障卡项目。 • 发放常青树卡，提供养老客户取款便捷服务。	• 推出"中银·商融通"个人授信商业模式。 • 首创"中小企业跨境撮合服务"机制。	• 建设助农服务点，为农村社保客户提供金融服务。 • 益农贷贯通农产品生产、加工、流通、销售全流程链条。 • 发起中银富登村镇银行。

图 8-1　中国银行的金融服务

2. 农业银行：微农行，行无疆

伴随社会化平台和工具的迅速发展，中国农业银行深入研究客户交流方式、购买行为的变化趋势，不断改进社交金融服务模式并尝试社交营销新模式。借力微信公众服务平台建设，中国农业银行"微信银行"迅速打开社交金融与移动金融市场竞争的突破口，结合微信自媒体与社会化服务双重特点，形成了集营销宣传、金融交易和客户服务为一体的"微信银行"综合服务平台。中国农业银行"微信银行"集成"智慧e站"、"金融e站"、"生活e站"三大服务板块，为客户提供营销资讯、金融交易以及客户增值的全方位服务。中国农业银行基于"微信银行"开展的营销活动有效发挥了社交营销传播的低成本和高效率，实现了资源的跨界整合，通过合理利用各方的资源打造了巨大的影响力。

2014 年 11 月，农业银行基于"微信银行"开展了"微农行，行无疆"

专题营销活动。活动以趣味赛车小游戏为切入点，采用"手游"模式，将"微信银行"的银行卡绑定等业务功能以及用户分享植入游戏排行榜，增加用户参与度以及微信功能活跃度。活动点击量达一千六百多万次，超过一百万人参与最强车手游戏，1000名客户通过手机银行支付了购车订金。

2015年3月，农业银行推出"幸福农场"活动，围绕农行"快e付"快捷支付方式，以农场播种为核心体验，并加入捐助一分钱至中华慈善总会的公益环节。客户频繁转发活动引发了刷屏效果，参与人数达到两百万，参与人次突破两千四百万，累计送出了价值超过六百余万元的礼品。

3. 工商银行

2014年12月，工行即时通信平台"工银融e联"在各手机应用市场上线，客户营销和服务迈入社交化时代。"人脉挖宝"是工商银行为了推广"工银e支付"业务而组织开展的一次社会化营销活动。活动基于微信开展，系统统计所有参与本次活动的客户的人脉数，活动结束时，人脉数最高者将获得一辆东风标致408汽车。截至活动结束，通过人脉挖宝活动参与量近两千万人次，活动参与人数近两百万人，开通工银e支付的客户数达到15万。以此次活动投入42万元计算，e支付的获取客户的单位成本约为2元，活动的获取客户的单位成本约为0.2元。"人脉挖宝"活动合作商户有21家，其中，部分商户在不到两周的时间里，因人脉挖宝而产生的订单就接近一万一千份。

4. 建设银行

建行个人网银开通以来，秉承"以客户为中心"的经营理念。在民生服务方面，个人网银的银医服务、缴费、查询社保和公积金等功能为广大客户提供了贴心的服务。在投资理财方面，个人网银的贵金属、理财产品、基金、债券等服务功能为客户提供多种投资选择。为提高服务水平，个人网银推出了个人现金管理、快捷转账、e家亲、e账户等创新的产品和服务。

2014年8月10日~12月27日，建设银行面向全国个人网银客户开展了"15载·有我在"主题活动。客户登录个人网银后，可通过将本人网银历程分享到指定社交媒体或完成指定交易的方式参与活动，赢取善融商务代金券、数码产品、手机话费等奖品。活动期间，累计有1301万人次访问了游戏页面，626万人次参加了历程回顾，1778万人次完成了指定交易，23

万人次赢取了礼品；活动专题页面浏览量达到 623 万次，微信群发消息累计送达人数 2 亿，微信图文页阅读 276.2 万，微博博文累计阅读 3377 万次、转发 112.9 万次。

二、大型股份制银行的"社交网络+"

1. 招商银行

在自媒体社交网络时代，传播形式和内容更加注重娱乐化。娱乐化的营销形式能给用户带来新鲜的快感，也更容易获得用户认可，进而达到自媒体传播的效果。

世界杯是 2014 年的社会热点之一，世界杯期间，招行"微信银行"联合 500 万彩票网推出了送彩票活动。关注招商银行"微信银行"的用户每人可向微信好友免费送出 10 注大乐透彩票，每次送出彩票时需要召集特定数量的好友来领取。活动在短短一个月内吸引了 1700 万人次参与，单日粉丝增长最高达 19 万，不仅获得了较高的美誉度，而且引发了微信公众号互动营销的高潮。招行"微信银行"充分利用微信朋友圈互动的社交媒体属性，开展创新营销，将银行业务与社交媒体互动紧密融合。活动能够获得成功，因为其具有以下特点：

第一，活动主题鲜明，操作步骤简单。任何微信用户都可领取彩票，步骤简单并且操作流畅，鲜明的主题能够很快吸引用户的关注和参与热情，短时间内形成刷屏态势。

第二，免费到底，最高奖吸引力高。每位用户都可以免费派送 10 注彩票，中奖彩金可随时提款。并利用最高可中一千万的彩票吸引了球迷粉丝的参与，点燃微信用户的热情。

第三，互动性强，粉丝的参与感强烈。每注彩票需要召集一定数量的好友，每人按随机分配的比例分享奖金。每个参与者都可以分享中奖后的收益，短期内快速地形成微信朋友圈的转发传播。

第四，融入娱乐元素，让用户更轻松。此次微信活动中的文字都是最流行的网络语言，微信活动融入了娱乐元素，能够带给粉丝更多轻松与快乐。

2. 浦发银行

浦发银行于2014年下半年推出了"靠浦一生"品牌传播活动，旨在结合"互联网+"，通过社交网络传播方式，使市场对浦发银行整合后的零售业务有一个统一和清晰的认识。首轮活动命名为"靠浦百分百"，蕴意"100%有奖"，客户不仅可以通过微信渠道获得浦发银行送出的刷卡金、积分等回馈，非浦发银行的消费者也有机会赢得优惠价格体验产品的机会。活动上线仅两周时间，参与人次突破400万，引发了极大的关注度。为了使年轻消费者对于金融增添更多好感，浦发银行还打造了"金融暖男"卡通形象，用漫画、对话框、金融魔法书等"接地气"的方式，将金融产品化繁为简，不仅普及了金融知识，更提升了在年轻人中的人气。在为期15天的活动中，活动首页被浏览了四百七十五多万次；参与人数近三十万人。结合国庆节热点，凭借人人可参与的低门槛、渗透性强的二次传播机制、百分百中奖的噱头、丰富诱人的奖品等特点，吸引了大量的微信用户参与。

2015年伊始，浦发银行推出"九羊迎新"营销活动，以9只萌羊代言9款独具特色的理财产品。与此同时，浦发银行还在手机APP端打造了融趣味性与激励性于一体的"金豆平台"，对于办理业务和参与活动的客户给予金豆奖励。除了常规兑换礼品之外，每逢节日还会推出"99金豆+1元"兑换各类人气商品，如星巴克、哈根达斯、电影票、蔬菜水果等，使品牌活动深入人心，大大提升了手机APP的用户黏性。

三、中小商业银行的"社交网络+"

1. 西安银行

西安银行是西北地区中心一家影响力极大的商业银行，经过2009年底完成的战略引资和财务重组工作，在2010年9月由原西安市商业银行更名而来。在互联网金融和社交网络倒逼传统金融转型之际，西安银行也已迈出了拥抱互联网、拥抱社交的第一步，并强调"以客户为中心"的服务和转型理念。积极推进数据中心"两地三中心"建设，主动变革拥抱社交网络，搭载微信平台推出智能服务。

第一，管理信息系统向社交化转型。西安银行经过多年的信息化建设，形成了以银行主业务系统为核心,辅以信贷管理系统、综合前置系统、客服系统、网上银行、电话银行、综合报表、卡业务、电子邮件等多个业务系统。然而,随着银行业务系统的不断完善,西安银行现有的管理信息系统已无法适应全新的工作模式。因此,西安银行将现有管理平台与当前流行的互联网和社交技术结合,提高管理和工作效率,并快速响应客户要求,为客户提供优质的服务,真正做到以客户为中心。西安银行与第三方机构搭建起来的新一代管理支撑系统,以社交手段加速运营流程并提升管理效能。

西安银行目前已集成了行内二十余个管理系统,通过统一接入、自主配置,为员工提供了更便捷的系统界面及功能。基于新一代管理支撑系统,通过定制的实时协作平台,拥有了即时消息、在线感知、Web 视频会议等沟通协作能力。西安银行内部实现了跨部门、总行和分支机构之间的实时沟通、交流,极大降低了会议、培训等各类成本。通过社交化的新一代管理支撑系统建设,西安银行为其手机银行、B2C 门户、社区银行、虚拟银行的建设提供了技术和数据支持,并积累了宝贵的经验。

第二,微信平台引入智能交互技术。"微信银行"是西安银行专为微信用户打造的基于微信平台的移动服务渠道。"微信银行"具有完整的移动金融与生活服务功能,并且针对微信环境进行了专门的安全手段与限额设置严格保障用户资金与交易安全。同时,"微信银行"特别加入"查附近"功能,如搜索附近营业网点、自助设备、美食、公共自行车、放心早餐、自动售货机、智能停车场等。

在微信平台上,西安银行技术团队与小 i 机器人协作,基于西安银行微信公众号,面向持卡用户提供 7×24 小时全天候信息咨询及业务办理服务。不同于只能听懂指令性语言的普通机器客服,西安银行在线客服"美西"引进了小 i 机器人的智能交互技术和多渠道整合能力,具备自然语言处理、语义分析和理解、知识构建和自学习能力。"美西"不但能正确理解用户指令,还能就用户的自然语言进行分析,理解用户意图,并提供准确答复。如果用户提出的问题很模糊或覆盖领域较广时,系统也能给出智能提示和相关知识点链接,具有了一定智能化水平。在与用户的口语化自然交互中,无论用户采用何种问题,智能客服都能通过其语义分析能力进行解答。

第三，移动应用融入用户日常生活。"爱生活"手机银行是集移动金融与生活服务功能为一体的移动应用。不但为客户提供了手机号、账号、二维码、AA收付等多种智能转账渠道，多维度的整体财富概览以及丰富的理财产品，还加入了网点服务预约、交通罚没款缴费、手机宽带缴费、吃喝玩乐推荐、特惠商家查询等功能，涵盖了生活的方方面面，满足客户金融理财与生活服务需求，为客户带来24小时移动服务的便利。

"慧管家"是社区移动服务APP，集物业服务、周边商户、小区交友圈、社区特惠、社区专属金融服务等功能为一体，将整个社区装进手机，为业主打造更便捷的社区生活。24小时服务不间断的"慧管家"成为全方位智能管家，包括物业缴费、故障报修、吃喝玩乐、社区特惠等。而各种各样的小区圈子又将小区居民更紧密的联系在一起，组织活动、拼车、二手买卖都可通过手机直接完成。基于该平台，提供专属社区的金融产品，配合社区银行与社区联名卡为社区居民提供金融服务。

2. 长安银行

随着供给侧改革的深入，中小微企业因具有创新驱动的天然基因被视作解决供给难题的核心，这也为正在经历互联网冲击的城商行带来机遇。

近年来，长安银行推出了"安鑫宝"余额理财、长安银行公务卡、"微信银行"、手机银行、校园一卡通、"通联通"代收付系统等业务。客户可通过柜面、自助设备、网上银行、手机银行、"微信银行"等多种渠道办理业务，实现7×24小时全程服务。

（1）银行余额理财产品"安鑫宝"

为顺应利率市场化改革和互联网金融迅速发展，2015年3月，长安银行推出了"安鑫宝"余额理财产品。"安鑫宝"对接的是易方达天天理财货币市场基金。"安鑫宝"具有五大优势：一是原卡进出，安全保障；二是快速赎回，分秒到账；三是一元起购，超低门槛；四是零手续费，会赚会省；五是渠道多样，7×24小时交易。本着"普惠金融"的理念，长安银行全面打通营业网点、网上银行、手机银行等客户体验渠道，实现了安鑫宝的随时转、随心用，将低门槛、低风险、零费用和高流动、易操作、稳收益融为一体，让客户体验到"新活期时代"银行余额理财产品带来的投资便捷和资产增值。

（2）满足持卡人的多元支付的"长安云闪付"

2016年1月，长安银行推出了"长安云闪付"创新支付产品，这也是西北地区城商行推出的首款闪付产品。"长安云闪付"是基于全球领先的HCE（主机模拟卡片）和Token（支付标记）技术，实现了移动支付安全性与便利性的最佳结合。用户只需有一张长安银行金融IC卡以及一部具备NFC功能的手机，便可直接在长安银行手机银行APP中生成一张银行卡的"替身卡"，即"长安云闪付"卡。凭借创新技术带来安全令牌、动态密钥、云端验证等多重安全保障，支付时不显示真实卡号，有效保护持卡人隐私及支付敏感信息。支付时无需手机联网，也不必打开手机银行APP，只要点亮屏幕靠近POS机即可完成支付。

（3）小微金融移动营销管理服务平台"微道+"

2016年5月，长安银行推出了国内第一个小微金融移动营销管理服务平台：微道+。这是一个小微企业融资平台，成为"微道+"用户后便将享受融资服务。"微道+"架构分为三个部分：第一部分是面向客户提供互联网服务的小微企业金融服务平台，包括手机银行、"微信银行"、Web官网的多渠道服务；第二部分是面向客户经理和管理人员的，以不同应用功能体现的移动终端，由小微业务移动营销系统和小微业务移动管理系统组成；第三部分是面向后台作业人员和风控人员的小微业务移动营销管理平台，主要负责作业、产品、风险的控制和综合化功能支撑。

第三节 社交银行的三足鼎立

互联网银行不是简单的线下往线上搬家，而是利用电子商务、社交媒体等平台上积累的海量客户留下的行为交易数据，对这些数据进行分析挖掘，从中分析获取金融信用状况，实现交易目的。比如，贷款业务上不需要担保、抵押、质押，甚至不与客户见面就可以在很短时间将贷款发放到客户账户里。

社交金融：共享经济时代金融新格局

在传统银行纷纷发展互联网金融或社交金融之时，出身于互联网的微众银行和网商银行成为社交金融领域的领头者。此外，平安在传统银行领域一枝独秀，依托金融全牌照的平安集团，成为社交金融三分天下之一。这三家银行的传统优势不同，因此，在社交金融领域专注领域也不尽相同。

一、微众银行，社交网络发力个体金融

2014年12月12日，银监会批准深圳前海微众银行开业。2014年12月16日，"深圳前海微众银行股份有限公司"完成工商注册工作并领取了营业执照。2014年12月28日，"深圳前海微众银行股份有限公司"的微众银行官网面世，成为第一家上线的互联网银行。2015年1月4日，李克强在深圳前海微众银行敲下电脑回车键，卡车司机徐军就拿到了3.5万元贷款。这是微众银行作为国内首家开业的互联网民营银行完成的第一笔放贷业务。

微众银行的身后有三大股东：腾讯、百业源和立业集团，作为大股东的腾讯将自己的基因深刻地嵌入了微众银行。微众银行下设零售、信用卡、同业、科技以及战略五大事业部。曾实地调查微众银行的平安证券银行业分析师黄耀峰表示，微众银行深圳总部的员工数约四百人，其中一半左右的员工为科技、互联网方面的IT技术人员，另一半则为金融从业人员。微众银行高管层大部分来自平安系，但目前中低层尤其是产品开发和营销人员大部分来自互联网，其中来自腾讯的员工达40%。

微众银行主要定位于向用户提供购物、旅行等个人消费金融服务。微众银行官网从上线开始就注重移动端，用户需要用手机扫码才能看到微众银行的主页。微众银行无营业网点，无营业柜台，依托互联网为目标客户群提供服务，更无需财产担保，通过人脸识别技术和大数据信用评级发放贷款。依托同业合作将是未来微众银行的主要模式，中间业务收入将在银行总收入中占到较大比例。

微众银行的业务开展具有以下特点：

第一，立足虚拟账户，改变零售银行渠道。得用户者得天下，银行的一切业务源用户。纵观各大传统金融业务乃至当前互联网金融平台激烈的流量

争夺战，归根到底争夺的是用户资源。目前腾讯约有八亿QQ用户、五亿多微信活跃用户。预计微众银行对银行每年有1%~2%的客户迁徙率,第一阶段,即在未来的3~4年内完成约6%，即6000万的客户迁徙。假设平均每人的资金需求量为1万元，则意味着未来第一阶段微众银行将有潜在6000亿元的贷款需求。2014年，央行已对电子账户及远程开立账户的规定开始放松，实现强弱实名账户的分离监管。在核心地段布局网点，通过地推模式获取客户是过去很长时间传统银行的操作模式，但这一方式同微众银行并不匹配。未来，微众银行将依托腾讯微信平台入口，或直接接入到微信已有的应用接口，甚至支持客户远程开设银行账户。依靠腾讯多维社交网络身份识别数据，辅助利用脸部识别等技术，可满足面签所须的硬性原则。

第二，规模转速度，重构银行存贷业务。传统银行借力海量网点，获取存贷规模，以存贷利差为主要盈利模式。微众银行的优势更多来自于利率市场化而节省的渠道成本、营销成本以及资金成本，银行业的盈利增长点从规模转向转流速度。微众银行更希望搭建的是成为小微客户信贷需求以及传统银行资金之间的撮合平台。微众银行与合作银行之间并不会形成直接的冲突，而是与合作银行进行产业链上的结合，并在数据和客户上实现资源共享。2015年2月12日，华夏银行与微众银行签署战略合作协议，双方将在小微贷款、信用卡、理财、同业业务、生态圈业务等多个领域开展深入的合作。

第三，坐拥大数据，开拓征信蓝海。在利率市场化逐步推进的过程中，风险定价能力是银行生死存亡的关键点。风险定价的产业链包含三方面：征信、增信和授信。围绕一个社会个体可以获得的数据包含以腾讯为主的社交软件、搜索浏览、支付消费数据；以第三方为主要获取途径的法律记录、通信记录、社保数据等；以水电煤、调查问卷为主导的用户基础数据以及以IP地址、网络行为痕迹为主的互联网数据。借助微信和QQ、腾讯征信、财付通、京东以及其他应用场景所积累的信息数据，微众银行业务重点放至征信和增信而非授信。未来，针对客户的信贷审批或将不再局限于抵质押物及央行征信系统数据，社会公众信息、消费记录、社交信息等多维数据将逐步成为信用评价的参考。

二、网商银行：电商基因服务小微商家

2015年6月25日，浙江网商银行正式开业。作为首批5家民营银行中的最后一家获准开业的银行，背靠阿里巴巴这颗大树的网商银行，自筹备之日起就备受关注。网商银行完全依靠互联网平台从事银行存贷汇等核心业务。网商银行是借助于淘宝、天猫等电商平台从事银行存贷款和汇兑、理财等银行业务；微众银行则是借助微信、QQ等社交媒体平台从事银行业务。

网商银行主要发起人是阿里巴巴旗下的蚂蚁金服、上海复星工业技术发展有限公司、万向三农集团有限公司、宁波市金润资产经营有限公司、杭州禾博士和金字火腿等，注册资本为40亿元。网商银行员工中技术人员占70%以上，这是现有传统银行难以实现的。网商银行的团队构成基本来自阿里系，微众银行则以平安系+腾讯系为主。两家团队实力平台不相上下，无论是高管还是基层员工，工作经验都比较丰富。

网商银行的业务开展具有以下3个特点。

1. 只做小存小贷，服务于小微企业

网商银行定位是一家为小企业服务的银行，小微企业、个人消费者和农村用户是网商银行的三大目标客户群体。网商银行采取了自营+平台的模式来开展业务，其收入不是以存贷利息差为主，而是通过自营平台模式产生一定的利润。"小存小贷"是网商银行业务领域的准确表述。小存就是提供20万元以下的存款产品，小贷就是给中小微企业包括个体商户提供500万元以下的贷款产品。网商银行定位于为小微企业服务，计划未来五年服务1000万小微企业，严格执行只发放500万元以下贷款。天猫、淘宝平台上中小微企业约一千多万家。目前，蚂蚁金服的小贷业务已经累计服务了140万家小微企业，如果未来五年网商银行服务的中小微企业达到1000万家，那么还需要增加860万家。而这个目标的实现，将极大改善阿里系线上的中小微企业信贷需求，对缓解中国小微企业融资难、融资贵都是巨大创新和贡献。

2. 拥有电商数据，金融产品盈利性高

网商银行与微众银行都具备强大的客户基础，运营模式也十分类似。两

家民营银行基于互联网做传统银行的存、贷、汇、代销等业务更有优势。既有客户数量优势，又有客户营销便利，又有客户习惯支撑。腾讯的客户主要是社交关系客户，主体是个人而缺乏企业客户群体。拥有大量企业用户是阿里巴巴的一大优势，吸储和放贷能力都很强。阿里巴巴的客户基础是电商客户，有海量外贸商户，驻场卖家和个人客户，客户群的金融基础好。

3. 征信有保障，不良贷款率低

网商银行的征信机制与风控模型源自蚂蚁微贷，其核心机理是通过一个叫做"车间"的数据仓库同步存储阿里巴巴掌握的所有数据，而微众银行则需要将"社交大数据"转化为"金融大数据"。在大数据分析方面，阿里有阿里云。并入网商银行的蚂蚁小贷公司已经累计服务140万家小微企业，放款近四千亿元，而存量余额在两百多亿元，不良率低于2%。

三、平安银行：综合金融，布局万物互联

与拥有上万家实体网点的工商银行相比，物理网点并非平安银行的优势。如果将平安集团八千多万保险、信托客户迁徙到银行来，再将平安银行两千多万客户迁徙到保险等其它领域，这就有整合上亿客户的市场空间。由于平安银行倚靠一个拥有金融全牌照的大型综合金控集团，平安银行的最大优势便是综合金融服务。在综合金融的背后，是平安银行在互联网平台上推进全产业链的整合。平安集团在互联网金融的定位瞄准了医、食、住、行、玩等消费领域，整合了集团旗下的陆金所、万里通、平安付、平安好车、平安好房等互联网金融新公司资源。

在互联网时代，平安银行也有了新的金融战略：平安银行专门设立了网络金融事业部，构建了橙e网、口袋银行、平安橙子、行E通等互联网门户。

1. 建立平安橙子，服务年轻人

直销银行是互联网金融时代顺势而生的新型银行运作模式，平安希望借机发展银行潜在客户群并配合集团客户迁徙计划，将25~40岁年轻且互联网使用程度高、具有较高价值潜力的客户从平安银行信用卡、万里通客户等转化为直销银行客户。平安橙子账户是客户通过互联网、移动互联网自助申请并经平安银行核准后开立的，仅供客户通过平安银行的电子银行渠道办理金

融业务的个人人民币银行结算账户。

平安橙子采用社交化的互动体验，较为贴近年轻人的习惯。和传统银行相比，平安橙子没人、没网点、没ATM。平安橙子代表着"轻"银行，即主要依托于互联网和移动互联网，不再依赖于线下实体网点，并且所提供的产品和服务都利于客户通过简单、便捷的操作完成购买。与此同时，平安橙子所提供的产品和服务的操作步骤都很简单，比如开户仅需一分钟，三个步骤便可完成。在功能上，橙子也做减法，有取舍地集成了客户最主要使用的银行服务，产品少而精。主打的四个产品涵盖短、中、长收益目标：收益灵活的智能存款产品"定活通"、门槛低、购买便利的类余额宝产品"平安盈"、收益稳健的银行短期理财产品和体现平安集团综合金融优势的新型投资理财产品。

2. 搭建橙e网，服务供应链金融

橙e网于2012年开始规划建设，旨在探索"供应链金融＋互联网金融"的融合发展路径。2014年7月9日，橙e网正式上线，迅速成为拥有百万注册用户、近四十万企业用户的互联网金融平台。橙e网开发了生意管家、发货宝、橙e券等一系列产品服务，以免费的SaaS云服务方式，支持中小企业快速实现电子商务转型升级，为中小企业构建在线"订单（商流）——运单（物流）——收单（资金流）"的交易闭环服务，如图8-2所示。

图8-2　橙e网的交易闭环

截止2015年底，橙e网已与近百家第三方平台推进"平台＋平台"的战略合作，积极探索中小企业网络融资新模式，已有四千多家中小企业受益。

"平台+平台"合作模式包括：与西安高新区等地方政府/园区推出税金贷，与航天信息等税票信息平台合作推出发票贷，与海尔等核心企业推出采购自由贷，与东方电子支付平台合作推出货代运费贷等。同时，橙e网还借助微信平台推出微信开户、票据贴现预审预约等O2O服务，推行"橙e创业易"支持初创型企业一站式网络金融优惠服务等特色服务，突破了传统金融的边界。此外，橙e网从全产业链经营的视角切入，以资源整合助推实体经济转型和升级。如橙e网通过与寿光农产品交易市场对接，将农产品整条产业链上的农户、批发商、零售商和消费者全面整合到橙e网上，为其提供融资、结算、撮合、物流等全系列服务。

3. 开创物联网金融，服务中国制造

互联网、物联网、人机智能等技术不仅是商业进步的基础，也是人类生存和发展不可替代环境。物联网的发展，实现所有物品的网络化和数字化。金融信息化的发展，也使金融服务与资金流数字化。数字化的金融与数字化的物品有机集成与整合，可以使物联网中物品的物品属性与价值属性有机融合，实现物联网金融服务。物联网金融则能通过海量的、客观的、全面的数据建立相对客观的信用体系，并提高风险管控的可靠性和效率。

2014年，平安银行首先发力汽车领域，通过引入感知卡，实现对汽车的智能监管，并建立起汽车智能监管系统。2015年，平安银行将物联网智能监管拓展到钢铁行业中来。通过引入感知罩、感知箱等物联网传感设备，建立起"重力传感器+精准定位+电子围栏+仓位划分+轮廓扫描"的智能监管系统，实现了对钢材的识别、定位、跟踪、监控等系统化、智能化管理。

2015年6月29日，平安银行在上海正式发布物联网金融。平安银行在动产融资业务中引入物联网传感设备和智能监管系统，实现了对动产的识别、定位、跟踪、监控等系统化和智能化管理，使客户、监管方和银行等参与各方均可从时间、空间两个纬度全面感知和监督动产存续的状态和发生的变化，有效解决动产融资过程中信息不对称问题。平安银行物联网智能仓储网络在全国开展布局，截止2015年底，已累计与近百家重点港口、大型仓储企业、大型钢铁生产企业、区域重点物流园区等合作伙伴签署了物联网金融合作协议。

第九章
社交金融的困惑与机遇

随着社交网络、位置服务、物联网的发展以及大数据、人工智能、虚拟现实等技术的不断应用,人与人、人与物、物与物之间将建立多维的连接。这种连接方式的改变为金融业务带来红利的同时,也带来了的挑战。风险频发和模式失败的案例也引人侧目。

本章导读

政策与扶持
风险与监管
社交金融的机遇
区块链技术与金融业的去中心化革命

第一节　政策与扶持

一、国家战略："互联网+"与互联网金融

2014年3月5日,十二届全国人大二次会议审议的《政府工作报告》提到,"促进互联网金融健康发展,完善金融监管协调机制"。

2014年11月19日,国务院常务会议,提出建立资本市场小额再融资快速机制,开展股权众筹融资试点,鼓励互联网金融等更好地向"小微"、"三农"提供规范服务。

2015年3月15日,在十二届全国人大三次会议记者会上,李克强提出:"我想,站在'互联网+'的风口上顺势而为,会使中国经济飞起来。"制定"互联网+"行动计划写进《政府工作报告》,纳入了国家经济的顶层设计。"互联网+"正给中国社会带来新一轮巨大的机会,IT行业与金融行业自然不会错过这个难得历史机遇。

2015年7月,国务院印发了《关于积极推进"互联网+"行动的指导意见》,

社交金融：共享经济时代金融新格局

部署了"互联网＋"创业创新、协同制造、现代农业、智慧能源、普惠金融、益民服务、高效物流、电子商务、便捷交通、绿色生态、人工智能等11项重点行动。

2015年7月18日，《关于促进互联网金融健康发展的指导意见》正式对外发布，给出了在鼓励创新、支持互联网金融稳步发展方面的政策措施：一是积极鼓励互联网金融平台、产品和服务创新，激发市场活力。支持有条件的金融机构建设创新型互联网平台开展网络银行、网络证券、网络保险、网络基金销售和网络消费金融等业务；支持互联网企业依法合规设立互联网支付机构、网络借贷平台、股权众筹融资平台、网络金融产品销售平台；鼓励电子商务企业在符合金融法律法规规定的条件下自建和完善线上金融服务体系，有效拓展电商供应链业务；鼓励从业机构积极开展产品、服务、技术和管理创新，提升从业机构核心竞争力。二是鼓励从业机构相互合作，实现优势互补。支持金融机构、小微金融服务机构与互联网企业开展业务合作，创新商业模式，建立良好的互联网金融生态环境和产业链。三是拓宽从业机构融资渠道，改善融资环境。支持社会资本发起设立互联网金融产业投资基金；鼓励符合条件的优质从业机构在主板、创业板等境内资本市场上市融资；鼓励银行业金融机构按照支持小微企业发展的各项金融政策，对处于初创期的从业机构予以支持。四是相关政府部门要坚持简政放权，提供优质服务，营造有利于互联网金融发展的良好制度环境。鼓励省级人民政府加大对互联网金融的政策支持。五是落实和完善有关财税政策。对于业务规模较小、处于初创期的从业机构，符合中国现行对中小企业特别是小微企业税收政策条件的，可按规定享受税收优惠政策；结合金融业营业税改征增值税改革，统筹完善互联网金融税收政策；落实从业机构新技术、新产品研发费用税前加计扣除政策。六是推动信用基础设施建设，培育互联网金融配套服务体系。鼓励从业机构依法建立信用信息共享平台；鼓励符合条件的从业机构依法申请征信业务许可，促进市场化征信服务，增强信息透明度；鼓励会计、审计、法律、咨询等中介机构为互联网企业提供相关专业服务。

2015年11月，《中共中央关于制定国民经济和社会发展第十三个五年规划的建议》正式发布，在第三节中提到，"坚持创新发展，着力提高发展质量和效益"，具体的"构建发展新体制"中的表述为：规范发展互联网金融。这意味着互联网金融作为"互联网+"的重要组成部分，正式升级为国家重点战略。

二、牌照准入：四个部门与七张牌照

互联网金融的纲领性文件《关于促进互联网金融健康发展的指导意见》确立了分类监管的原则，将互联网金融的七大领域纳入四个监管部门，分别是：将互联网支付归入央行，将网络借贷、互联网信托和互联网消费金融归入银监会，将股权众筹融资、互联网基金销售归入证监会，将互联网保险归入保监会。此外，在金融领域，凡从事金融业务的机构必须先取得与之对应的金融机构许可证（金融牌照），由银监会、证监会、保监会等部门分别颁发。在中国需要审批的互联网金融牌照主要包括第三方支付、基金、保险、信托、银行、消费金融、小额贷款等7张，如图9-1所示。

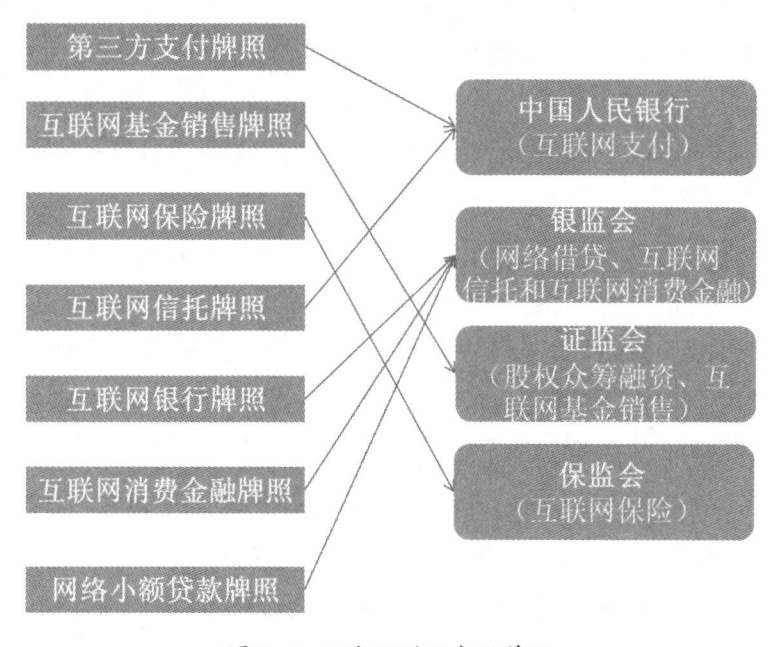

图9-1　7张互联网金融牌照

第三方支付牌照是依据央行2010年6月14日颁发的《非金融机构支付

服务管理办法》而来。该牌照官方名称是"支付业务许可证",由央行颁发和管理。申请条件是:在境内依法设立的非金融机构法人公司;最低注册资本;有符合规定的出资人、熟悉支付业务的高级管理人员;有符合要求的反洗钱措施、支付业务设施、营业场所和安全保障措施;有健全的组织机构、内部控制制度和风险管理措施等。截至2015年12月15日,央行一共颁发了270张支付牌照,其中的2张牌照已被央行注销。

互联网基金销售牌照是依据证监会2013年3月15日颁发的《证券投资基金销售机构通过第三方电子商务平台开展业务管理暂行规定》及《证券投资基金销售管理办法》而来的。该牌照分为两种。一种是互联网企业以自己名义销售基金,其应当通过许可的方式取得基金销售业务资格。其须满足以下条件:有健全的治理结构、内部控制、风险管理制度、销售业务管理制度、反洗钱制度等;有相适应的营业场所、安全防范设施、技术设施和其他设施;完善的资金清算流程、业务流程等。另一种是互联网企业为基金销售机构的销售业务提供辅助服务的平台,平台按证监会规定进行备案,须满足以下条件:企业法人,网站接入地在境内;取得电信业务经营许可证满3年;有完善的内部控制和风险管理制度,相适应的管理人员、技术人员和客户服务人员;具有保障电子商务平台安全运行的信息系统、安全管理措施和安全防范技术措施等。

互联网保险牌照是依据保监会2015年7月22日颁发的《互联网保险业务监管暂行办法》而来的。互联网保险牌照分为两种。一种是保险机构(含保险公司和保险专业中介机构)依托互联网和移动通信等技术,通过自营网络平台订立保险合同、提供保险服务。自营网络平台应具备下列条件:具有支持业务运营的信息管理系统,实现与保险机构核心业务系统的无缝实时对接;完善的互联网信息安全管理体系;互联网行业主管部门颁发的许可证且网站接入地在境内;健全的互联网保险业务管理制度和操作规程等。另一种是第三方网络平台在互联网保险业务活动中,为保险消费者和保险机构提供网络技术支持辅助服务的平台。第三方网络平台应具备下列条件:具有互联网行业主管部门颁发的许可证且网站接入地在境内;可靠的互联网运营系统和信息安全管理体系;能够完整向保险机构提供开展保险业务所需的身份信息、账户信息以及投保操作轨迹信息等。

互联网信托牌照是在2015年7月18日中国人民银行等十部门发布《关于促进互联网金融健康发展的指导意见》中首次正式提出的。该意见指出信托公司通过互联网开展业务的,要严格遵循监管规定,加强风险管理,确保交易合法合规,保守客户信息,遵守合格投资者规定,审慎甄别客户身份和评估客户风险承受能力,不能将产品销售给予风险承受能力不相匹配的客户。互联网信托业务由银监会负责监管,目前限于由已取得信托牌照的信托公司开展。截至2016年1月,市场上一共存在68张有效的信托牌照。

互联网银行牌照是指在互联网上开展全部或部分业务的银行经营资格,也即互联网银行首先必须取得银行牌照。根据2015年6月22日国务院办公厅转发的银监会《关于促进民营银行发展指导意见》,发起设立民营银行应制订合法章程,有具备任职所需专业知识和业务工作经验的董事、高级管理人员和熟悉银行业务的合格从业人员,有符合要求的营业场所、安全防范措施和与业务有关的其他设施。民营银行注册资本要求遵从城市商业银行有关法律法规规定。民营银行申请由发起人共同向拟设地银监局提交,拟设地银监局受理并初步审查,报银监会审查并决定。

互联网消费金融牌照是通过互联网开展部分业务的消费金融公司经营资格,在《关于促进互联网金融健康发展的指导意见》中被正式提出。消费金融公司是在境内设立的,不吸收公众存款,以小额、分散为原则,为境内居民个人提供以消费为目的的贷款的非银行金融机构。根据2013年11月14日银监会颁发的《消费金融公司试点管理办法》,申请设立消费金融公司应当具备下列条件:有符合《公司法》和银监会规定的公司章程、出资人、最低限额的注册资本、符合任职资格条件的董事、高级管理人员;建立有效的公司治理、内部控制和风险管理制度,具备与业务经营相适应的管理信息系统、营业场所、安全防范措施和其他设施等。2015年11月23日,国务院发布《关于积极发挥新消费引领作用加快培育形成新供给新动力的指导意见》提出,支持发展消费信贷,鼓励符合条件的市场主体成立消费金融公司,将消费金融公司试点范围推广至全国。截至2016年2月24日,全国有15家公司获得了银监会颁发的消费金融牌照。

网络小额贷款牌照是指互联网企业通过其控制的小额贷款公司，利用互联网向客户提供的小额贷款业务经营资格。网络小额贷款应遵守现有小额贷款公司监管规定。小额贷款公司是由自然人、企业法人与其他社会组织投资设立，不吸收公众存款，经营小额贷款业务的有限公司或股份公司。根据银监会2008年5月4日《关于小额贷款公司试点的指导意见》，申请设立小额贷款公司，应向省级政府主管部门提出正式申请，经批准后，到当地工商行政管理部门申请办理注册登记手续并领取营业执照。根据该指导意见，各省、直辖市对小额贷款公司的设立条件，均有自己的一些细则规定。在互联网上开展小贷业务，要经当地监管部门审批。

三、地方扶持：补贴与奖励并重

国家层面支持互联网金融的发展的同时，各地也纷纷建立区域性互联网金融园区，出台区域性优惠政策，吸引P2P、股权众筹、直销银行进驻。

北京、上海、贵阳、深圳、广州、南京、武汉、青岛、成都、浙江等地均已出台相应政策，如图9-2所示。部分地方政府对互联网金融发展的扶持与奖励如下文所述。

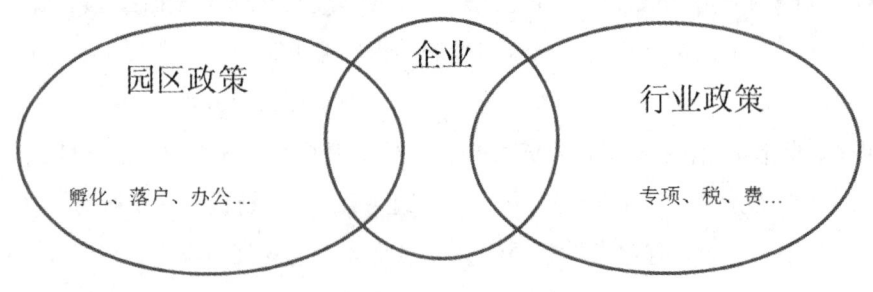

图9-2 地方扶持政策

1. 对互联网金融企业的支持

深圳市：企业所得税年度达到500万元以上后，参照深府〔2009〕6号银行类金融机构一级分支机构待遇享受相关政策，即一次性奖励200万元；可申报互联网产业发展专项资金及金融创新奖。

南京市：对经领导小组认定的重点项目，每家企业给予不超过50万元的资金补贴；对经领导小组认定的重点示范企业，每家企业给予不超过100万元资金补贴；实行"一企一策"。

贵阳市：根据实收资本，给予企业50~500万元的奖励；市、区两级政府每年按照企业当年入库营业税及企业所得税地方留成部分的50%，给予连续三年的奖励扶持资金；设置"贵阳市互联网金融创新奖。

2. 对园区（产业园、孵化器、孵化园）的支持

上海市：对有特色的互联网金融产业基地制定有针对性的政策措施，对优秀互联网金融产业基地（园区），市、区县两级政府可给予一定支持。

深圳市：符合条件的互联网金融产业园区，可申报科技型企业孵化器项目资助。

南京市：对经领导小组认定的互联网金融示范区一次性给予100万元的资金补贴；对经领导小组认定的互联网金融孵化器一次性给予50万元的资金补贴。

西安市：2016年和2017年市财政每年安排2000万元，专项用于扶持互联网金融产业发展，主要用于支持互联网金融产业聚集区完善基础设施建设，吸引国内外知名互联网金融企业入驻，引进和培养互联网金融人才，开展互联网金融领域的创新奖励和补助等。

贵阳市：给予最高不超过每年30万元的房租补贴和业务经费补贴，连续支持不超过两年。

3. 投入专项资金

天津市开发区：设立额度为1亿元的互联网金融产业发展专项资金。

北京市海淀区：发起设立互联网金融产业投资引导基金，纳入现有5亿元海淀区创业投资引导基金统一管理。

北京市石景山区：设立每年1亿元互联网金融产业发展专项资金奖励。

上海市：战略性新兴产业发展专项资金、服务业发展引导资金、高新技术成果转化专项资金等财政资金予以重点支持，并支持进行软件企业、高新技术企业、技术先进型服务企业等方面的认定。

上海市长宁区：设立专项投资基金，基金一期规模为2.5亿元人民币；

设立长宁区创建"国家信息消费示范城区"专项资金,每年安排5000万元。

4. 落户奖励

天津市开发区:根据注册资金以及对开发区的实际财政贡献,给予不超过200万元的运营扶持。

北京市石景山区:经认定符合条件的互联网金融企业可享受一次性开办补贴100万元。

上海市长宁区:对认定的总部型互联网金融企业,按照长宁区发展总部经济的有关政策予以支持。

5. 办公用房补贴

天津市开发区:对在产业基地购买办公用房,给予1000元/平米(最高1000万元)的资金扶持;租赁办公用房,三年内给予最高30元/平米/月的租金扶持。新购建的自用办公房产所缴纳的契税给予100%的扶持,房产税给予三年100%的扶持。

北京市海淀区:参照金融机构享受《海淀区促进科技金融创新发展支持办法》(海行规发(2012)7号)相关的购房补贴和三年租房价格补贴。入驻海淀区科技金融重点楼宇的互联网金融企业,给予三年的房租价格补贴,第一年50%、第二年50%、第三年30%。

北京市石景山区:购买自用办公用房从事互联网金融业务的,经认定后可以享受购房补贴,补贴标准不低于1000元/平方米;租赁自用办公用房从事互联网金融业务的,经认定可以享受三年租金补贴,第一年补贴50%,第二年补贴30%,第三年补贴20%。

上海市长宁区:以上海虹桥临空经济园区为核心建设互联网金融产业园和基地,给予经认定后的入驻企业3年的房租价格补贴,每年按租金的一定比例给予补贴,每家入驻企业的3年租金补贴累计不超过一定总额。为入驻企业免费提供3年的公共会议及论坛场所。

6. 财政贡献补贴

天津市开发区:对于互联网金融企业上缴的营业税和企业所得税开发区留成部分,自开业年度起两年内,给予其100%的金融创新奖励,之后三年给予50%的奖励。

北京市海淀区：根据对海淀互联网金融产业发展的带动作用、区域贡献情况等给予一定的资金奖励，额度不超过其自注册或迁入年度起三年内区级财政贡献的50%。

北京市石景山区：三年内每年按其对区财政贡献额的50%提供金融创新资金支持。

7. 小微服务奖励

北京市海淀区：通过互联网金融模式开展中小微企业融资业务的机构，根据其业务量规模给予其风险补贴和业务增量补贴，补贴上限400万元。

北京石景山区：金融机构通过互联网模式切实降低中小微企业融资成本的，按相应额度给予一定补贴。

上海市长宁区：对互联网金融企业切实降低中小微企业融资成本的，按照长宁区科技金融相关政策予以支持。

第二节　风险与监管

一方面，社交金融发展迅速，但相关企业缺乏自律，在互联网和金融方面不具有专业性；另一方面，行业监管不足，相关法律法规滞后，行业教育不足。这种矛盾引发了社交金融领域供、需、监管三方的信息不对称，出现了e租宝、中晋资产这样的不良平台。为此，2016年4月14日，国务院组织14个部委召开电视会议，在全国范围内启动有关互联网金融领域为期一年的专项整治。

一、乱象与危机

2015年央视"3·15"晚会上，《五号热点——血本无归的P2P网贷》介绍了P2P网贷发展中缺乏监管、问题频出的状况，并点名了众多倒闭跑路、涉及骗钱的企业——中汇在线、网赢天下、全民贷、科讯网、上咸BANK。

P2P行业频繁出现危机的原因主要包括以下方面：

第一，经营不善。经营不善导致收入不能覆盖成本，平台无法存续。因为P2P平台的收入来源有两种，其一是根据达成交易收入的一定比例，其二是会员费。P2P平台支出包括经营平台所需要的一系列费用，如果平台的交易不活跃，收入不能覆盖支出。此类经营风险是P2P平台经营者自身的风险，理论上并不会波及到P2P平台上的交易主体。

第二，失误交易。出资人信用判断出现失误，会导致坏账出现，从而受到损失。虽然是出资人自身应承担的风险，但平台也应不断优化这种设计，形成平台的核心竞争力。交易机制设计是P2P的核心，一个良好的交易制度的设计是可以避免很多风险点出现的。例如，通过对借款人的各项真实性审核的机制，借贷周期的时间限定，交易风险赔偿制度的设计，利息制度的设计，集中撮合制度等各项制度的创新设计。在国外，有人际关系信用制度的量化设计都可以进行应用到平台上来，从而降低交易坏账的出现率。然而，任何交易机制都会存在缺陷，只能在长期实践中不断发展和优化。

第三，欺诈行为。当平台利用交易机制设计的漏洞，人为的进行骗贷活动，欺诈行为就行产生。由于交易数据、信用审核的权限都放在平台手里，当出资人不能有效审核这些信息、无从判断真假时，出资人就处于不利的地位，诈骗等一系列恶性事件就很容易产生。尤其在一些集中撮合交易方式的平台上，就更容易产生这种情况。甚至有些平台本身就是为欺诈而来，从一开始便已做好了跑路的准备。e租宝就是采用借新贷还旧贷的庞氏骗局模式（见图9-3），在短期内募集大量资金，相关责任人于2016年1月涉嫌集资诈骗、非法吸收公众存款被北京市检察机关依法批准逮捕。

第四，资金池模式。即部分P2P网络借贷平台通过将借款需求设计成理财产品出售给放贷人，或者是先归集资金、再寻找借款对象等方式，使放贷人资金进入平台的中间账户，产生资金池。资金池要良好运作的一个前提是资金的安全要有保障（保证不会被挪用）；同时，投资人要有充足的信心（不能动不动就挤兑）。然而，在P2P行业目前的环境下，这两个前提都不存在。据调查，e租宝就是将吸收来的资金以"借道"第三方支付平台的形式进入自设的资金池，相当于将资金从"左口袋"放到了"右口袋"。

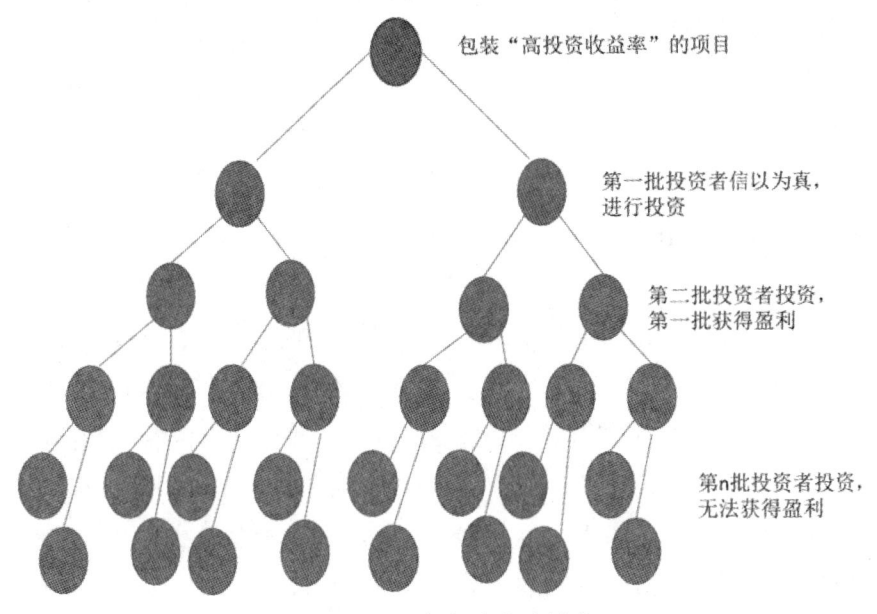

图 9-3　庞氏骗局的模式

第五，不合格借款人导致的非法集资风险行为。部分 P2P 网络借贷平台经营者未尽到借款人身份真实性核查义务，未能及时发现甚至默许借款人在平台上以多个虚假借款人的名义发布大量虚假借款信息，向不特定多数人募集资金。由于没有强大的信用数据可供参考，所以，P2P 平台不得不为借款人承担起信用背书。这就意味着平台要对用户的资金负责，当无法承担责任时就会出现危机。

第六，黑客攻击。P2P 网贷在快速发展的背后存在许多问题，最明显的是经常受到黑客的攻击。2013 年以来，P2P 网贷平台被攻击的事件层出不穷，拍拍贷、好贷网、翼龙贷、人人贷、e 速贷、通融易贷、快速贷、融易贷、融信网、新联在线、金海贷等先后被黑客攻击。据不完全统计，仅 2013 年上半年，P2P 的平台就有一百多家被黑客攻击，七十多家 P2P 平台因此跑路。

二、风险辨别与评价

2015 年 3 月 12 日，中国人民银行行长周小川表示投资者在参与 P2P 网贷业务时，要有风险辨别能力。然而，如何辨别风险是投资者们面对的大难题。

中国小额信贷联盟秘书长白澄宇认为：消费者在进行 P2P 投资理财之前，要先弄清楚什么是 P2P 网络借贷。按照银监会提出的四大红线监管思路，中国小额信贷联盟将 P2P 网贷定义为"个人对个人的小额信贷信息中介服务平台"。该定义包含四个原则：一是中介性质，P2P 网贷平台只能提供借贷撮合与匹配等信息服务，不能提供担保和保本保息等信用中介服务。二是平台不能有资金池，要做到清算结算分离。借贷双方要在银行或第三方支付机构开个人账户，不能把钱存入平台账户。三是借款项目要小额分散，借款方主要是小微企业和个人。四是平台信息要公开透明，要向借贷双方提供原始真实信息，特别是真实利率和期限等信息，不能暗箱操作，不能搞期限错配。

P2P 网贷的模式千变万化，标的项目、担保方式、借款周期、投资回报率各不相同，而这些信息恰恰成为投资者选择投资项目的基本依据。国家金融与发展实验室（中国社会科学院）网贷评价课题组发布报告，对 2015 年上半年中国网络借贷平台的风险进行了评级与分析。报告共选取了国内 104 家有代表性的 P2P 网络借贷平台作为评级对象，按平台所处地域不同划分。对选取的 104 家平台在 2015 年上半年的总体风险状况进行评估。评级结果与 2014 年相比，无论是单个平台的得分情况还是 A 类平台的家数（综合得分大于等于 70 分的为 A 类平台）都有所下降。2014 年 104 家评级平台中，综合得分 70 分以上的 A 类平台为 25 家。2015 年第一季、第二季度和上半年度综合得分在 70 分以上的 A 类平台仅为 10 家。排名前十的平台中，北京地区平台占了半壁江山，由 2014 年的两席——人人贷、玖富，增加至 2015 年五席——玖富、宜人贷、积木盒子、网信理财和人人贷。玖富由 2014 年排名第三上升一位到第二，人人贷则由第二名急降到了第九名，2014 年排名二十名以后的积木盒子和宜人贷跃升到了第七和第四，而首次参与评级的网信理财则排名第八。前十名中还包括上海地区平台 3 家——陆金所、拍拍贷和麻袋理财，深圳平台两家——小牛在线和投哪网。2015 年评级结果相对于 2014 年总体下滑主要原因在于反映偿还能力的"成交量/累计待还资金"、反映集中度的"借款人数/投资人数"、反映资金流动性的"成交量/未来60日待还资金"，以及反映期限错配的"投资期限/借款期限"等几个指标显著恶化。这次评级结果在个体和微观层面上表明，随着中国网络信贷行业发展日益趋缓，行业竞争日趋激烈，野蛮生长和无序发展所累积的潜在风险日渐显现。这也意味着对中国网络信贷行业在鼓励创新的同时，强化监管、规范发展已迫在眉睫，正逢其时。

2015年7月18日，中国人民银行会同十个相关部委发布《关于促进互联网金融健康发展的指导意见》，主要内容包括：鼓励创新，支持互联网金融稳步发展；分类指导，明确互联网金融监管责任；健全制度，规范互联网金融市场秩序。

2015年7月31日，中国人民银行发布了《非银行支付机构网络支付业务管理办法（征求意见稿）》，强调了平台资金银行存管、第三方支付通道和小额支付属性、5000元限额支付、开户需验证手续等主要内容。

当前，尽管网络借贷的监管细则仍未落地，但银监会对网络借贷的监管思路日益明晰，明令禁止的主要内容包括自担保、自融、资金池、非法吸存、洗钱等。可以预见，优质平台将继续发展，而经营不善和违规操作平台将被淘汰。

三、监管与托管

由于监管政策尚未落地，平台跑路事件风波频出，如何真正地保障投资者的资金安全，始终是一个亟待破解的难题。多数P2P平台为了提高信任度，将平台资金托管到第三方机构。虽然有些P2P平台也和商业银行签署了包括资金托管在内的战略合作协议，但迄今为止，真正落地和实际效果还有待时间检验。

P2P机构不是信用中介，只是信息中介，不承担信用风险。P2P网络借贷平台是新兴的金融业态，在鼓励其创新发展的同时，应合理地设置业务边界，银监会已启动P2P监管细则的研究工作。

处置非法集资部际联席会议办公室主任刘张君表示：P2P网络借贷平台作为一种新兴金融业态，在鼓励其创新发展的同时，要明确四条边界。一是要明确平台的中介性质，二是要明确平台本身不得提供担保，三是不得将归集资金搞资金池，四是不得非法吸收公众资金。

远离资金池，选择有托管的平台，不仅是因为监管部门明令禁止资金池，更是因为行业环境不适于资金池模式。选择有资金托管的P2P平台，是投资人的明智选择。接触不到投资人的资金，P2P平台不会卷款跑路；挪用不了投资人的资金，也不会造成亏空；实行资金与项目一对一，不会产生错配，也就不会造成挤兑。

在互联网金融监管政策日渐明朗之际，P2P资金托管业务愈发受到各家银行的关注。

2015年年初，首个银行P2P资金托管平台成立——民生银行"网络交易平台资金托管系统"正式上线。这也是为P2P平台搭建的首个银行资金托管平台。已有多家P2P公司与民生银行进行系统对接测试,包括积木盒子、民生易贷等。民生银行资金托管平台是在监管层鼓励先行先试的基础上成立的，筹备过程中得到了监管层的指导，确保项目与投资资金一一对应，坚持实名验证、明确资金流向、监控交易行为、尽可能保护投资者的利益。

民生银行"网络交易平台资金托管系统"由账户层、支付层、应用层三部分组成，集账户管理、支付结算、投资理财、安全保管为一体。该系统主要特点包括：

第一，账户隔离。能有效地将客户交易资金与网络交易平台自有资金进行隔离，消除网络交易平台擅自挪用资金的隐患。各网络交易平台托管账户之间拥有独立的账户体系，投资者可放心在多个平台进行投资。

第二，投资者账户独立管理。为平台的每一位投资者单独开立虚拟账户，记录其资金和交易信息，并在民生银行官网为投资者提供账户查询服务。

第三，安全保障。投资者交易密码由银行管理，每笔交易均在银行端完成密码验证，确保根据投资者真实意愿进行交易。

四、信用基础设施建设

FICO信用分是由美国个人消费信用评估公司开发出的一种个人信用评级法。由于美国三大信用局都使用FICO信用分，每一份信用报告上都附有FICO信用分，以致FICO信用分成为信用分的代名词。在美国只要有一个社会安全号码（Social Security number，SSN），从小到大的个人信用情况就可以一目了然。因此，FICO信用分也以此作为个人借贷的基础，借贷双方完全可以在线上完成，无需再到线下进行验证。而在中国，第三方信用评分发展滞后，在线上无法准确判断借款人的身份真伪以及还款能力，绝大多数平台只能到线下获取借款人。

相关数据显示，截至2013年底，央行个人征信系统中收录有信贷记录的自然人约三亿四千万，不到总人口数的1/4。现有征信数据远远满足不了借贷市场的需求，很多没有信用卡或从未跟银行发生借贷关系的人难以获得信贷服务。而在美国，征信体系的覆盖率已经达到了85%，其中商业征信公司扮演着很重要的角色。

个人征信业务牌照是中国人民银行监管下以第三方征信机构作为市场主体的业务许可。2015年1月，央行发布《关于做好个人征信业务准备工作的通知》，要求芝麻信用等8家机构做好个人征信业务的准备工作，准备时间为半年。获准开展个人征信业务的机构分别是：

芝麻信用：芝麻信用分是芝麻信用管理有限公司旗下产品，是芝麻信用管理有限公司根据当前采集的个人用户信息进行加工、整理、计算后得出的信用评分。依托阿里巴巴电商系的交易数据闭环，构建以芝麻分为核心的征信服务平台。

腾讯征信：腾讯征信有限公司推出的互联网信用管理平台，财付通是仅次于支付宝的第三方支付，腾讯多维度的产品线有助于企构建以社交关系为核心的征信体系。

考拉征信：考拉征信由拉卡拉牵头，联合蓝色光标、拓尔思、旋极信息、梅泰诺共同出资成立。考拉征信数据来自第三方支付拉卡拉，数据优势在于大量真实线下还款交易及其他交易。已推出考拉评分，基于考拉评分的在线信贷产品已经上线。

中智诚：中智诚团队成员具有深厚的征信行业经验、金融行业管理经验以及跨越中西的征信行业任职背景，并参与了中国人民银行征信系统的开发。在中国征信领域从无到有的发展过程中积累了丰富经验。曾服务于8家商业银行联盟的反欺诈咨询，并与8家联盟银行的数据实现共享，有基于反欺诈的评分服务经验。

中诚信：2006年4月13日，中诚信与全球著名评级机构穆迪投资者服

社交金融：共享经济时代金融新格局

务公司签订协议，出让中诚信 49% 的股权；2006 年 8 月 15 日，中国商务部正式批准股权收购协议，中诚信国际正式成为穆迪投资者服务公司成员。中诚信从 2003 年起开始布局征信，积累了大量企业信息和企业主信息。同时，中征信也积极探索与运营商数据的深入合作，其高管有来自运营商的背景。

前海征信：深圳前海征信中心股份有限公司是中国平安保险（集团）股份有限公司旗下全资子公司，于 2013 年 8 月在深圳前海深港合作区注册成立，公司股东为深圳平安金融科技咨询有限公司和深圳市平安置业投资有限公司。前海征信以"银行+保险"的模式获取了大量金融服务的客户数据。

鹏元征信：鹏元征信成立于 2005 年 4 月 8 日，鹏元征信系统纳入了近千家机构，基于自主研发的 7 大产品体系，可向社会提供五十类查询产品，累计提供各类信用报告超过四亿份。公司现有客户已遍布全国各行各业，已有签约合作的机构一千多家。鹏元征信系统已在政府、银行、保险、小贷、P2P、支付、融资担保、电子商务、物流、求职招聘等多个领域内得到了广泛的运用，各类信用产品在政府行政事务审批、项目申报、奖项评定、个人劳动就业核查、信用卡发放、贷款审批、求职招聘、投资担保、典当融资、个人和企业身份核实等领域得到广泛使用。

北京华道征信：华道征信是一家专注于个人征信及相关业务的专业机构，于 2013 年成立。华道征信的业务范围主要包括两个方面：为商业机构提供更精确可靠的风险控制解决方案和用户关系解决方案；为个人用户提供更专业的信用服务，使个人用户能更好的参与到经济活动中来。华道征信有深厚的大型企业资源，在获取独占数据上有一定优势。

第三节　社交金融的机遇

一、互联网公司的跨界掘金

2015年12月15日，澳大利亚金融科技风投机构H2 Ventures联手KPMG（毕马威）发布《全球金融科技100强》报告。报告显示，金融科技正在成为全球产业：上榜公司中有40家美洲公司，20家欧非公司，18家英国公司，22家亚太公司。

金融科技是个新概念（简称为fintech），指金融和科技的融合，领域涵盖从手机交易到比特币等数字货币，在中国通常被称之为互联网金融。从2014年开始，H2 Ventures与KPMG每年推出一份《全球金融科技100强》报告，该榜单旨在关注全球范围内那些通过技术革新改造传统金融行业的优秀企业和机构。每年挑选100家公司进行排名，其中有50家成熟金融科技公司，以及另外50家新兴金融科技公司。2014年榜单首次推出的时候，只有一家中国公司上榜，位列32位；2015年，榜首位置却被中国首家互联网保险公司——众安保险获得。此外，2015年还有另外6家中国公司上榜，其中，提供消费分期服务的"趣分期"以及中国最大网络投融资平台之一"陆金所"分列第4和第11位，其他入围者还有闪银奇异、房多多、积木盒子、融360等。

对于国内网民而言，一提到中国的互联网公司，首先想到的就是BAT——百度、阿里巴巴、腾讯。在社交金融时代，自然也少不了这些互联网公司的参与。对于巨头们而言，互联网金融是一个全新的可以拓展业务的场景，特别是对于阿里巴巴这样的综合化电商平台而言，由电商的交易服务延伸出的信贷、支付、理财等金融服务是一种对平台天然的补充。互联网金融也成为了除传统金融以外，能够发挥互联网公司数据、技术和渠道优势的一种最好体现。因此，从电商化走向金融化，成为了很多平台的一种战略方向。

除了主流的电商为主的互联网巨头以外，如网易、百度、腾讯这些依托于自身业务产品类型的企业，也在拓展自己的互联网金融业务。当然，各自的"杀手锏"也有所不同，网易主要是依托于邮箱、门户以及一些财经资讯、数据处理以及前期开展电商、支付业务等积累的海量用户和数据；百度主要是依托于自身的业务流量和搜索匹配；腾讯则是通过社交关系链以及微信等带有社交化属性的产品来拓展。

其一，百度。百度在互联网金融领域的布局较早，2013年就推出了百度百发、百赚等理财产品。但在BAT中，百度互联网金融布局相对较慢。2015年6月，百度先后与中国银行北京分行、中国工商银行签署战略合作协议，在互联网金融等领域展开全面合作。2015年11月，百度相继成立百信银行和百安保险。2015年12月，百度进行了架构调整，组建金融服务事业群组（FSG），该事业部由消费金融业务、钱包支付业务、互联网证券业务组成。金融服务事业群组成为百度四大业务事业群之一，表明互联网金融业务在百度的地位得到进一步提高。

其二，阿里巴巴。经过十余年的积累，阿里已经形成了"CBBS生态链"，即消费者、渠道商、制造商、服务的多重集合。在新的互联网金融模式下，阿里巴巴旗下支付宝、小微金融集团、余额宝、众安在线以及网商银行全面开花。2015年8月，阿里巴巴宣布成为苏宁云商的第二大股东。从此，阿里几乎涵盖了当前国家各个层面允许从事的所有金融业务，而这其中所释放出来的市场将会是目前阿里巴巴市值的几百倍，阿里巴巴借此向全面布局综合化金融迈出坚实的一步。2016年4月26日，蚂蚁金服正式对外宣布，公司已完成B轮融资，融资额为45亿美元（近三百亿人民币），这也是全球互联网行业迄今为止最大的单笔私募融资。

其三，腾讯。与具备电商基因的阿里巴巴不同，腾讯天生属于社交，其优势也在社交。庞大的QQ用户和微信用户成为构筑腾讯互联网金融的基石，腾讯金融业务也一直围绕着如何满足这些既有客户的金融需求服务。包括支付、借贷、理财、基金、保险、证券等多个金融领域，腾讯都已有涉猎。强大的用户基础、关系和渠道，可以实现一些社会化支付、金融产品的创新，也有助于产品的推广营销和理财客户的维系互动。QQ、微信等社交工具产生的海量社交数据，通过挖掘可以进行预测、监测。例如，腾讯推出的基金指数便是基于数据挖掘而产生的。

二、传统金融的倒逼变革

腾讯科技统计显示，美国在互联网金融的各个领域起步都早于中国，而且绝大多数领域都领先5年以上。美国之所以没有出现互联网金融的热潮，在于其线下的金融体系已比较发达，各项金融服务也已趋于成熟。反之，中国的金融服务业不发达，尤其在三四线城市，人们眼中的"金融"还只是去银行存款或取钱。由于大量的人群在财富管理上没有被服务到，所以才有了互联网金融的发展机会。

经济学家周其仁曾指出："互联网的厉害之处在于动员更多的人满足更多的人，不是靠少数公司、少数厂商，而是动员千军万马。"

金融和互联网技术、互联网精神融合的精髓在于动员了更多的人去服务别人，使"精英金融"向着"普惠金融"演变。

为了应对互联网金融挑战，金融业纷纷开始布局互联网金融。例如，工商银行的电商平台"融e购"、建设银行的"善融商务"都是传统银行搭建的互联网平台；交通银行推出的远程理财服务，利用网络客户数据资源，提供呼出式的理财服务模式；浦发银行联合中国移动、上海地铁将手机卡、银行卡、地铁支付三合一，升级推出"中移动浦发手机支付地铁应用"服务。

传统金融机构在面对互联网时代的客户需求和市场竞争，有必要以新的理念审视自身的业务模式，并寻求创新。传统金融机构可从以下五个方面进行变革。

第一，构建去中心化的网络组织结构。传统金融机构的组织结构为科层组织，其特点是分工明确，具有严格的上下级关系，组织沟通过程中的命令流和信息流全部通过纵向渠道逐级向下传达、向上汇报。随着知识经济的到来，通讯技术的发展以及员工个性化需求的凸显，使得科层组织逐渐向网络组织转变。此外，在网络组织中，大量的知识型员工，学历层次较高、自主意识较强，追求自由、平等、开放和自我实现的特点，对企业文化管理提出了挑战。因此，互联网时代的组织结构与企业文化建设应该去中心化，应该是自下而上的文化体系，每一位成员都应该是组织的主体。

第二，以用户为中心重塑金融服务体系。互联网经济是一个用户中心的经济。传统金融机构一直以来处于金融体系的中心地位，互联网的发展使得一部分的金融权利和机会从传统金融体系内扩展到体系之外，更多的非金融机构甚至是互联网公司参与了进来。传统金融机构和跨界机构纷纷进行金融创新和产品优化，搭建多层次金融服务体系，分享金融发展带来的收益。因此，传统金融机构有必要重新定位，以更为开放的态度迎接和拥抱互联网金融。此外，由于极低的交易成本，互联网可以渗透至人数众多、金额较小但总量可观的小微群体。例如，平安陆金所、百度百发、招行小企业E家，都是运用互联网服务小微客户需求。

第三，开发"去标准化"、嵌入社交网络的产品。凭借互联网所特有的高效信息传播途径，长尾效应更为显著。互联网特质使金融服务从原来满足"大众需求"开始转变为迎合"小众需求"。例如，以往银行理财产品主要按收益率、期限、风险等进行简单划分，而现在客户偏好不同，有的重视回报率，有的重视风险可控，有的重视产品便捷性。因此，金融机构需要不断挖掘和细分市场，发现客户个性化需求，并联合更多机构共同提供更加丰富的个性化产品，让每款产品都有自身的价值和目标受众。

第四，组建社会化营销部门，进行精准化营销。传统机构中，与社会化营销相关的职能分布在各个部门，如市场部、销售部、呼叫中心、BI部。传统金融机构可建立专门的社会化营销部门，利用各种各样的媒体资源和技术手段，在合适的时机，将合适的内容推广给合适的人。社会化营销部门的成立，对其他部门业务有明显的知识溢出。在职能定位上，社会化营销部门更多的是提供数据支撑，供其他部门决策参考。如通过社会化手段帮助市场部找到想要的用户；通过微博、微信等社交工具降低服务部门的成本，使客服部门有时间服务高价值用户；通过挖掘用户在社交媒体上记录，帮助数据部门识别真正的高价值顾客。

第五，构建大数据与传统方式并存的风险控制体系。金融活动的核心就是在承担风险中得到相应的经济回报，风险管理是金融机构运营中的重点所在。风险的测量是风险管理中的核心环节，风险的测量依赖于数据。随着科学技术，特别是信息技术以及互联网的爆发式发展，海量信息数据的产生使得金融风险管理在模式上也迫切需要改善。以往市场、客户信息只能在单一体系内流转，而互联网背景下，企业在保证客户隐私和信息安全的前提下可以获取以往难以获取的海量信息，如依托互联网的交易数据、社交网络的关系数据，可以挖掘和分析客户需求和行为模式。通过用户数据挖掘和分析，可以帮助传统金融机构高效、准确定位目标客户和进行风险识别、控制，发挥互联网金融的优势。

三、社交金融与共享金融

在共享经济时代，金融领域花开两朵，分别是社交金融与共享金融。

2015年11月，时任中国人民银行金融研究所所长的姚余栋在"全球共享金融100人论坛"上向媒体表示：金融是现代经济的核心，积极推动共享金融的发展，即在实现共享经济发展这一复杂工程中抓住了主要矛盾。

金融创新总是与实体经济密切联系在一起，伴随共享经济的蓬勃发展，共享金融的探索也应运而生。所谓共享金融，就是通过大数据支持下的技术手段和金融产品及服务创新，构建以资源共享、要素共享、利益共享为特征的金融模式，努力实现金融资源更加有效、公平的配置，从而在促使现代金融均衡发展和彰显消费者主权的同时更好地服务于共享经济模式壮大与经济社会可持续发展。

目前，共享金融主要有两种形式，分别是P2P网贷和网络众筹。P2P网贷又称为互联网金融点对点借贷，其运营方式是通过互联网平台为借贷双方提供信息的发布交流、身份认定以及与促成交易有关的各种服务，从而使借贷双方直接达成交易。网络众筹是指通过互联网平台，为筹款项目的发起者和支持者双方之间提供信息发布和交流、审查以及项目达成所必须的相关服务，以实现项目所需资金的募集。其实，社交金融与共享金融的范畴有重叠也有交叉，如图9-4所示。

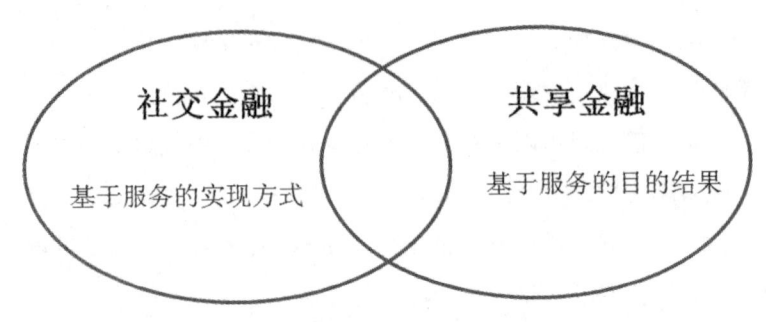

图 9-4 社交金融与共享金融

共享金融是从金融服务的目的结果上进行的定义。共享金融涵盖了金融市场化、金融服务实体、互联网金融、普惠金融等一系列金融演进方向和理念。共享金融更体现了长期、深层的金融模式与功能变革。共享金融作为一个金融资源供求双方的直接交易系统，在实现"普惠金融"，以及缓解现代金融体系的脆弱性等方面具有独特的优势。

社交金融是从金融服务的实现方式上进行的定义。随着社交网络、位置服务、物联网的发展，以及大数据、人工智能、虚拟现实等技术的不断应用，人与人、人与物、物与物之间将建立多维的连接。这种连接方式的改变将为金融服务创新带来巨大的挑战和空间。

社交金融的本质是基于人与人之间的连接关系提供服务。共享金融的本质是将金融在人与人之间进行共享。因此，无论是社交金融、亦或是共享金融，都应该围绕"社交/共享"和"金融"两个核心。"金融"更多则是从风险管理的角度，回归金融的本质规律。"社交/共享"就是利于互联网、社交网络信息、通过大数据的知识挖掘，减少信息不对称，实现去中介化后的点对点的直接资金交易，从而提高金融的可获得性和便捷性，降低交易成本。

共享经济并没有依赖对社会资源过多新增的消耗，而是通过高效连接，使交换变得更有效率。在共享经济时代，金融机构可从以下四个方面进行社交金融的创新。

第一，有效联接经济社会资源，为各类需求方提供普惠金融服务。共享经济并没有依赖对社会资源过多新增的消耗，而是通过高效联接，使交换变得更有效率。在金融领域，基于社交的金融服务是共享经济的重要组成。社交金融是基于人与人之间的社交关系进行的共享金融服务，具有人际交往、信息流动、资金融通的功能。随着共享经济商业模式的不断创新，金融业也必将产生更多创新类型的社交金融模式。传统金融机构应促进形成全社会参与的金融环境，以可负担的成本为有金融服务需求的社会各阶层和群体提供适当的、有效的金融服务，为个人用户消费、企业融资和社会发展提供更好的支持。

第二，撬动金融机构内部的社交网络，形成全员参与的"阿米巴"模式。"阿米巴"（Amoeba）在拉丁语中是单个原生体的意思，属原生动物变形虫科。变形虫最大的特性是能够随外界环境的变化而变化，不断地进行自我调整来适应所面临的生存环境。阿米巴经营是指将组织分成小的集团，通过与市场直接联系的独立核算制进行运营，培养具有管理意识的领导，让全体员工参与经营管理，从而实现"全员参与"的经营方式。"阿米巴"是最小基层组织，每人都从属于自己的阿米巴小组，每个阿米巴小组平均由十二三人组成。每个阿米巴都集生产、会计、经营于一体，再加上各阿米巴小组之间能够随意分拆与组合，这样就能让公司对市场的变化做出迅捷反应。"阿米巴"模式对组织内部员工社交网络进行了重构，激发了组织内部员工创新、创业热情。

第三，将复杂的金融需求变得更加自然，将金融需求与各种场景进行融合。波士顿咨询研究显示，未来互联网金融竞争的焦点将集中在基础设施、平台、渠道、场景这四大关键点上。BAT三巨头互联网生态体系建构无一不是以支付工具、地图平台等工具为基础，通过搜索引擎、电子商务等平台，构建集餐饮、娱乐、打车等具体丰富应用场景为一体的互联网生态圈。最为关键的是，互联网生活场景应用不仅仅是线下向线上的简单迁移，而是对传统衣食住行方式的巨大提升或革命。构建金融消费场景，使金融服务匹配于各类场景需求。通过金融生活场景化，为获取足够丰富的优质金融资产、降低获取客户成本、提高流量导入以及客户黏性等问题提供有效解决方案。未来，场景化构建将会在充值、交易、支付、转让等具有金融属性的行为环节以及电子商务、娱乐、沟通交流和信息获取等社会环节实现创新和突破。

第四，利用人工智能，挖掘社交网络、智能设备与金融领域的数据。人工智能（Artificial Intelligence，AI）是研究、开发用于模拟、延伸和扩展人的智能的理论、方法、技术及应用系统的一门新的技术科学。花旗银行预测，未来10年，智能理财管理的资产可能可以呈现指数型增长，有望增至5万亿美元。在国内，蚂蚁金服已经将人工智能运用于互联网小贷、保险、征信、资产配置、客户服务等多个领域。蚂蚁金服在人工智能的应用研究领域还包括深度学习、图像识别、语音识别、自然语言处理等。蚂蚁金服在财富领域也已经展开相关研究，对财经资讯做基于深度学习的智能分析，为用户做相应的推荐。例如，蚂蚁金服在芝麻信用上运用深度学习，为很多基于芝麻信用分的场景提供了有力的支持。

第四节　区块链技术与金融业的去中心化革命

一、从社群币到区块链的全球化

基于关系的信任是社交金融模式的核心关键词，社交金融的资金往来通常是以社交网络的认可度来做背书的。在现代社交金融模式出现的同时，还有一个广为人知的"社群"金融创新，那就是比特币。

比特币最早出现于2008年中本聪（Satoshi Nakamoto）的白皮书中，指一种点对点的电子现金系统。这一系统使用区块链（Block chain）技术，交易双方不通过金融机构便可实现在线支付。

区块链是指通过去中心化和去信任的方式集体维护一个可靠数据库的技术方案。该技术方案让参与系统中的任意多个节点，通过密码学方法产生数据块（block），每个数据块中包含了一定时间内的系统全部信息交流数据，并且生成数据指纹用于验证其信息的有效性和链接（chain）下一个数据块。

世界经济论坛创始人克劳斯·施瓦布（Klaus Schwab）曾表示：自蒸汽机、电和计算机发明以来，我们又迎来了第四次工业革命——数字革命，而区块链技术就是第四次工业革命的成果。西班牙桑坦德银行发布的一份报告显示：

第九章　社交金融的困惑与机遇

如果全世界的银行在 2020 年左右都使用区块链技术，每年能省下约两百亿美元的成本。

2015 年 9 月，迄今为止全球范围内最大的区块链联盟——R3 CEV 联盟成立。R3 CEV 联盟由美国 R3 公司发起，成员包括花旗银行、美国银行、高盛集团、摩根大通、瑞银集团、摩根士丹利等金融机构。

2015 年 12 月，美国证券交易委员会批准了在线零售商 Overstock.com 通过区块链技术在互联网发行股票的计划。在提交给 SEC 的文件中，Overstock.com 公司表示计划通过区块链技术发行 5 亿美元的股票和其他证券。

2016 年 1 月 6 日，美国《华盛顿邮报》网站刊文指出，区块链是 2016 年最有可能改变创新之路的十大创新技术之一，或许是自互联网出现以来最重大的发明。

被美国《巴伦周刊》称为"互联网女皇"的 Mary Meeker 在 2016 年的互联网趋势报告中称"中国已成为互联网领袖"。正如互联网技术一样，中国科技企业和金融机构对区块链的关注并不滞后于国外。

2015 年 10 月，全球首届区块链峰会"区块链——新经济蓝图"在上海召开。

2016 年 1 月 5 日，全球共享金融 100 人论坛在北京宣布成立"中国区块链研究联盟"。

2016 年 1 月 20 日，中国人民银行举行了数字货币研讨会，与会专家对区块链等数字货币技术高度肯定，并表示发行数字货币是央行的战略目标。

2016 年 2 月 3 日，中关村区块链产业联盟成立，标志着中关村在区块链产业发展中迈出了重要的一步。

2016 年 4 月 19 日，由中证机构间报价系统股份有限公司等 11 家机构共同发起的中国分布式总账基础协议联盟成立。

2016 年 5 月 24 日，中国平安保险股份有限公司宣布与国际金融创新公司 R3 建立合作伙伴关系，正式加入 R3 分布式分类账联盟，成为加入该联盟的第一家中国公司。

2016 年 5 月 31 日，金融区块链合作联盟（深圳）成立，该联盟集结了包括微众银行、平安银行、招银网络、恒生电子、京东金融、腾讯、华为、银链科技、深圳市金融信息服务协会等在内的 31 家企业。

二、区块链是什么？数据库 or 分布式账本

随着区块链技术在全球的广泛传播，业内从不同的角度对区块链的定义很多，有代表性的是以下两种：

其一，区块链是数据库。区块链技术的核心是一个建立在共识模式之上的共享数据库，没有不必要的中间环节，因此效率很高。若要在共享数据库中添加新的数据库，就必须获得一定数量运行区块链软件的节点认可，也就是达成共识。一旦共识达成，这个新的数据库就升级成为一个交易"区块"（Block），系统内其他计算机都可以看见它，这个新数据库通过密码与系统中原有的区块相"链接"（Chain）。

其二，区块链是分布式账本（distributed ledger）。区块链技术是指可以在不需要任何中介介入的情况下完成交易确认的计算机技术，这个名字来源于每个交易需要通过网络中的许多计算机。在一个数字账本中增加一个新的"块"，这个"块"会包含所有交易的每个账本的副本，分布在组成网络的每个节点（计算机）中，参与方通过密码学来更新区块链上的每一笔交易。

数据库的定义是从技术层面的理解，分布式账本是从操作层面的解读。虽然区块链已经开始在医疗、供应链、物联网、公证、社交，甚至人工智能方面都有所涉及，但金融仍是与区块链结合最紧密的领域。因此，不妨从金融的本质上理解区块链是如何产生的，以及如何发挥作用。

信任是金融业的基础，为维护信任，金融业的发展催生了大量的中介机构，包括托管机构、第三方支付平台、公证人、银行等。然而，中介机构处理信息依赖人工，且交易信息往往需要经过多道中介的传递，这使得信息出错率高且效率低下。同时，人们也通常认为权威机构公示的信息是经过社会认可的信息，不存在欺诈风险。但在实践中，权威机构通过中心化的数据传输系统收集各种信息，并保存在中心服务器中，然后集中向社会公布。这种中心化的传输模式使数据传输效率低、成本高。如何高效、便捷，且低成本地建立信任，成为金融业界普遍关心的问题。

2016 年 5 月 24 日，高盛集团（Goldman Sachs）发布了一份长达 88 页

的区块链研究报告，其中指出了单个区块在区块链中建立和验证的四个步骤（图 9-5）：

第一步，区块被填写了交易细节，包括价格、时间、条款等；

第二步，A 方认同该交易并签名；

第三步，B 方认同该交易并签名；

第四步，基于交易细节、A 和 B 的签名、之前的交易的哈希值（hash），进行密码学"hash"算法加密。当哈希值与其它节点匹配时，则将该区块加入到交易的区块链中。

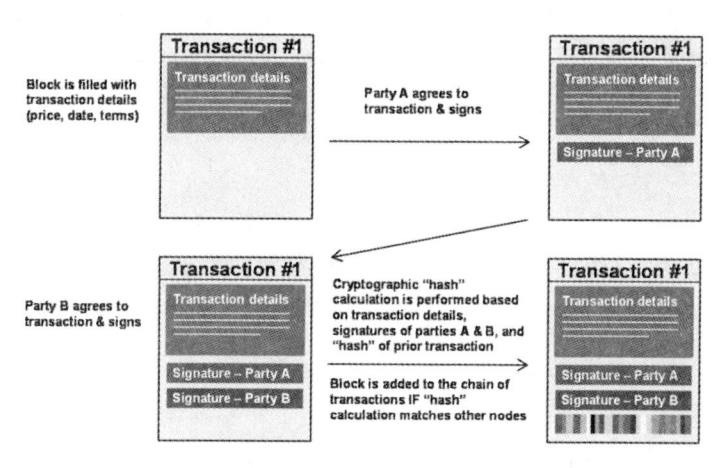

图 9-5　单个区块在区块链中建立和验证

通过上面的叙述，区块链可以被理解为一个基于计算机程序的公开的总账，它可以记录区块链上发生的所有交易。区块链中的每个节点都可以将其记录的数据更新至网络，每个参与维护的节点都能复制一份完整数据，这就构成了一个去中心化的分布式数据库。这种分布式的数据库可以在无须第三方介入的情况下，实现人与人之间点对点式的交易和互动。数据一旦被写入区块就不能被撤销，在 10 分钟内该区块中的信息将会被拷贝至网络中的所有区块，实现全网数据的同步。区块链建立在互联网的基础上，任何接入互联网的端口都可以接入区块链。区块链中的"区块"指的是数据块，区块链是由一串使用密码学方法产生的数据块组成的。数据块内含有一个特殊的数据就是时间戳，含有时间戳的数据块彼此互连，形成的数据块链条被称为

"区块链"。区块链可根据设定的时间定时更新一次,将这段时间内生成的新数据块记录到一个分布式数据库里。每一个区块都包含了上一区块的哈希值(hash),从创始区块(genesis block)开始连接到当前区块,形成区块链。区块链的账簿是分布式的,每个网络参与者(miners)都有一份完整的账簿,并进行日常更新。

三、社交金融、共享经济与区块链技术

社交金融是去中心化的代表,通过人与人之间的社交关系网络来流动资源、资金。然而,不可否认的是,有很多社交金融模式都是昙花一现,也有很多社交金融企业出现了危机甚至导致失败。社交金融一定程度上减少了信息不对称和违约风险,但在投资方面可能会放大羊群效应。在社交金融中,信用建立在社交关系上,无论这种关系是在熟人之间还是陌生人之间,这种信任机制并非绝对"可信"。同样,信任也是共享经济面临的一大问题。很多共享经济模式虽然促进了拥有闲置资源、资金的机构或个人有偿让渡资源、资金使用权给他人,但部分共享经济模式却选择了中介平台来解决信任问题。然而,"中介"无法完全解决信任问题,因为共享经济的"中介"无法了解每一位参与者的完全信息,即便是经过严格的审核与大数据分析,仍难免出现漏洞。而且,这种通过"中介"来进行信用背书,也只能将信用局限在一定的机构、地区或者国家的范围之内,这也有悖共享经济的初衷。

无论是部分共享经济的不完全去中心化,还是社交金融存在风险的去中心化,都表明去中心化之路并不平坦。究其原因,与其依赖的数据库技术有关,区块链的出现恰逢其时。区块链系统是由大量节点共同组成的一个点对点网络,不存在中心化的硬件或管理机构。区块链中,任一节点的权利和义务都是均等的;系统中的所有结点都参与数据的记录和验证,将计算结果通过分布式传播发送给各个结点;在部分节点遭受损坏的情况下,整个系统的运作并不会受到影响,相当于每个参与的结点都是"自中心"。

区块链技术从根本上改变了中心化的信用创建方式,其运用一套基于共识的数学算法,在机器之间建立"信任"网络,从而通过技术背书而非中心化信用机构来建立信用。通过这种机制,参与方不必知道交易的对手是谁,

也不需要借助第三方机构来进行交易背书或者担保验证，只需要信任共同的算法就可以建立互信，通过算法为参与者创造信用、产生信任和达成共识。

图 9-6 展示了一个由固定数量相互信任参与方组成的区块链，区块链账本 (block chain ledger) 分布在众多的地方。这种分布在不同地方的特点，使得区块链技术能够实现一些在中心化模式下难以实现的商业模式。如在社交众筹领域，基于区块链技术的众筹平台支持初创企业创建自己的数字货币，用以实现资金的筹集或者"数字股权"的分发。在社交化的 P2P 领域，通过电子签章技术、时间戳技术以及反篡改技术，实现投资人、平台及借款人在交易前通过网络签订一份具有法律证据效力的电子合同，解决 P2P 交易过程中证据缺失或者证据不足的问题。

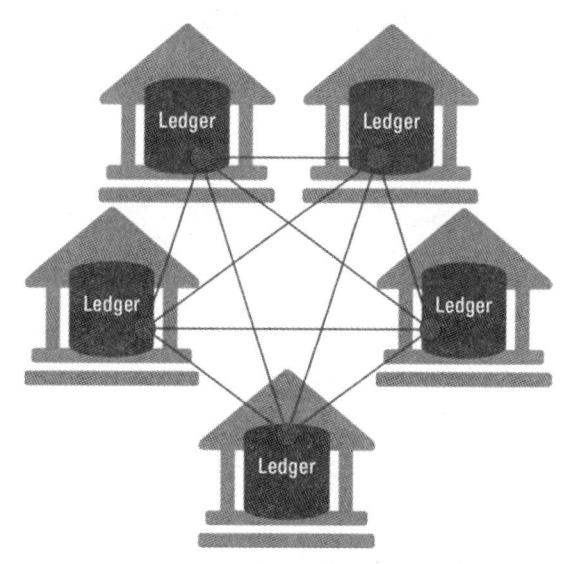

图 9-6　相互信任参与方组成的区块链

社交金融是为了解决信任问题出现的商业模式，或者可以说是利用信任构建的商业模式，而区块链技术却创造了去信任的基础，因为价值的每一次流转都可以被追踪。可以设想，在未来点对点的资金融通中，个体不再需要依赖社交网络的信任关系来构建金融关系。因为基于区块链技术，个体可以与任意的个体建立资金融通关系，因为这一切都是"透明"和"可追踪"的。

在互联网技术发展中，人们基于 HTTP、SMTP、DNA 等协议，分别搭建网站、传递邮件、建立域名访问机制。如果说互联网是由一系列协议组成信息交换网络，那么，区块链则是价值在互联网上交换的底层规则。随着物联网与传感器的发展，未来人与人、人与物、物与物和设备将实现完全互联互通。面对每天新增的巨大数据量，如何传输和储存数据是非常重要的问题。如果所有数据上传到中心服务器进行计算和处理，那将是无法实现且成本极其昂贵的。而建在分布式互联网上的区块链，因其具有的去中心化特点，将成为数据处理（尤其是金融数据处理）的重要方向。可以肯定的是，当区块链技术与社交金融、共享经济融合在一起的时候，必定会产生更多值得期待的创新。

后 记

金融？社交？期待读者思考

当十一年前进入计算机学院学习的时候，我便开始对互联网和互联网产业产生兴趣。从此，无论后来是从事产业经济学或管理科学研究，我都是从互联网产业寻找研究课题。

2010年，我的第一篇学术论文被EI收录，这篇文章研究的是虚拟产业集群，以阿里巴巴作为案例进行分析。与大多数人一样，在这个时候，我对网络金融的理解仍停留在网络支付层面。因此，这篇文章只将支付宝视为电子商务生态系统中的一员进行了讨论。

一年之后，我第一次以研究者的身份参与到了具体的金融项目实践中。当时正值国家大力推动文化旅游产业发展之际，临潼国家旅游度假区应运而生。在融资方面，国家开发银行给与度假区大力支持，并形成了强大的投资带动效应。基于度假区的投融资实践，我们提出了"绿色金融"的理念，而这一理念在互联网金融发展的今天依然具有现实意义。

在本书撰写的四年前，我有幸师从胡平副教授，开始博士阶段关于社会网络与复杂网络的研究。此后，在大数据、云计算与移动互联网迅速兴起的时候，我参与了导师主持的研究课题，对分布在长三角、珠三角、环渤海和西部地区的上百家企业进行了实地调研。这其中，不乏大量的大数据、云计算、电子商务、社交网络企业。而我更是在互联网金融的萌芽期，接触到了一些互联网金融创业公司。

我将产品在社交网络中扩散作为研究方向后，在寻找研究问题的过程中搜集了大量的案例，在思考研究问题的时候写下了一些分析的文字。后来，为了适应大众读者的阅读习惯，强化了案例分析，形成了《链传播：一场互联网营销革命》一书。然而，当我试图用"链传播"思想去解释如火如荼的互联网金融时，却产生了新的困惑。我发现社交网络并非只是金融产品扩散的渠道，有很多金融产品本身就具有社交网络属性，而且，这些产品与社交网络结合也并非只是为了实现更好的传播扩散。这些新的发现，促使我跳出传播的思维，去重新思考金融与社交网络的关系。再后来，我发现在业内，社交网络与金融的结合通常被称之为"社交金融"。但是，在金融业越来越重视"社交网络+"的今天，无论是学术界还是业界，尚未有对社交金融的系统研究。

张五常教授曾指出："科学上的学问，对或错不重要，有没有文章发表也不重要，重要的是要满足自己的好奇心。"也正是强大的好奇心驱使，我开始了关于社交金融的研究，形成了《社交金融：共享经济时代金融新格局》这本书。

目前，社交金融尚在发展之中，商业模式创新层出不穷，但风险频发和模式失败的案例也引人侧目。正如社交金融的发展存在不足，本书的局限性也在所难免。即便如此，仍希望本书能够为社交金融发展提供有益的思考，希望本书可以对相关人员起到抛砖引玉之用。

邵 鹏
2016年7月1日

主要参考文献

1. 马明哲. 马明哲:卡位互联网金融[J]. 商界评论,2014.

2. 郭经延,邓伟根. 社交金融的发展必然推动我国金融创新[J]. 理论探讨,2016.

3. 菲利普·科特勒(美),凯文·莱恩·凯勒(美). 营销管理[M]. 上海:格致出版社,2009.

4. 帕科·昂德希尔(美). 顾客为什么购买:新时代的零售业圣经[M]. 北京:中信出版社,2011.

5. 加瑞特(美). 用户体验要素:以用户为中心的产品设计[M]. 北京:机械工业出版社,2011.

6. 克里斯塔基斯(美),富勒(美). 大连接:社会网络是如何形成的以及对人类现实行为的影响[M]. 北京:中国人民大学出版社,2013.

7. 姜汝祥. 电商战略之电商2.0[M]. 北京:九州出版社,2013.

8. 艾·里斯(美),杰克·特劳特(美). 定位[M]. 北京:机械工业出版社,2013.

9. 艾伯特·拉斯洛·巴拉巴西(美). 链接:商业、科学与生活的新思维[M]. 杭州:浙江人民出版社,2013.

10. 方滨兴. 在线社交网络分析[M]. 北京:电子工业出版社,2014.

11. 杰里米·里夫金(美). 零边际成本社会:一个物联网、合作共赢的新经济时代[M]. 北京:中信出版社,2014.

12. 玛丽贝丝·库兹梅斯基(美). 连接者:社交网络中的商业先锋[M]. 北京:中国人民大学出版社,2014.

13. 埃尔文·E·罗斯(美). 共享经济:市场设计及其应用[M]. 北京:机械工业出版社,2015.

14. 刘国华,吴博. 共享经济2.0:个人、商业与社会的颠覆性变革[M]. 北京:企业管理出版社,2015.

15. 克莱·舍基(美). 人人时代:无组织的组织力量[M]. 杭州:浙江人民出版社,2015.